DIE TITANEN

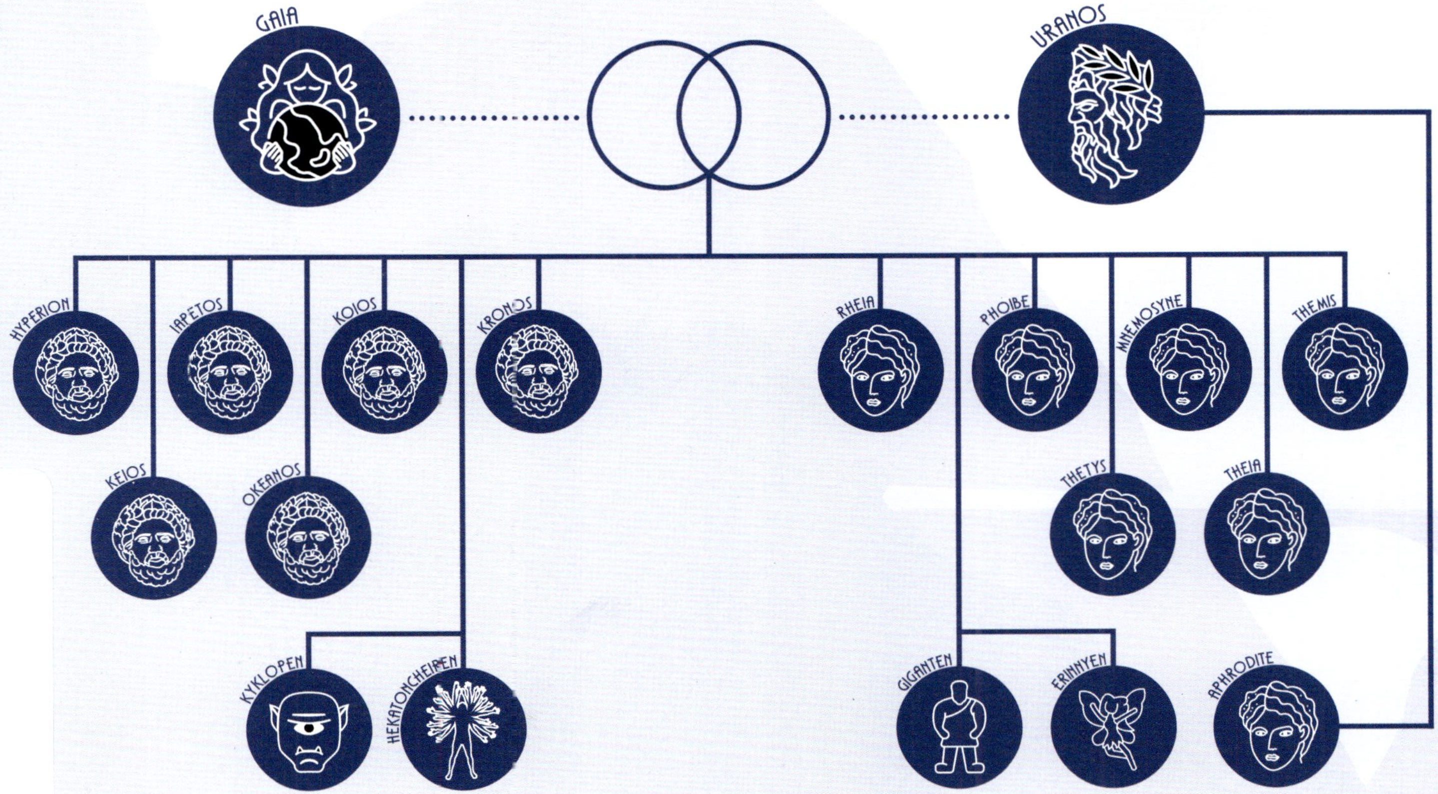
GAIA
URANOS
HYPERION
IAPETOS
KOIOS
KRONOS
KEIOS
OKEANOS
KYKLOPEN
HEKATONCHEIREN
RHEIA
PHOIBE
MNEMOSYNE
THEMIS
THETYS
THEIA
GIGANTEN
ERINNYEN
APHRODITE

SYLVIA SEELERT

MYTHEN UND SAGEN DER GRIECHEN

INHALT

EINFÜHRUNG 8

DIE ZWÖLF VOM OLYMP 18

DIE UNTERWELT 24

DIE MYTHEN UND SAGEN

DIE ENTSTEHUNG DER WELT 28

DER KAMPF DER TITANEN UND GIGANTEN 33

PROMETHEUS UND
DER DIEBSTAHL DES FEUERS 40

DIE GEBURT VON ATHENE 45

DIE ENTFÜHRUNG PERSEPHONES 48

ARTEMIS UND APOLLON 54

HERMES, DER CLEVERE 58

WETTSTREIT UM ATHEN 62

HEPHAISTOS' LIST 64

PERSEUS UND DER KOPF DER MEDUSA 69

HERAKLES UND DIE ZWÖLF UNMÖGLICHEN AUFGABEN 81

JASONS ABENTEUERFAHRT MIT DEN ARGONAUTEN 103

KÖNIG MINOS 118

THESEUS 121

DAIDALOS UND IKAROS 131

DER TROJANISCHE KRIEG 135

DIE IRRFAHRTEN DES ODYSSEUS 153

EINFÜHRUNG

Hoch oben auf dem nebelumhüllten Olymp wohnten die griechischen Göttinnen und Götter. Kein Mensch war in der Lage, den Berg zu erklimmen, um zu ihnen zu gelangen. Gleichwohl blickten die Gottheiten auf die Menschen der damaligen Zeit von ihrem hohen Aussichtsturm herunter und mischten sich fleißig in deren Schicksale ein. Denn in ihren Eigenschaften glichen sie den Menschen. Sie kämpften um das Überleben und wurden von Gefühlen wie Liebe, Hass, Eifersucht und Leidenschaft getrieben. Das macht die griechische Mythologie so spannend. Wir fühlen uns in ihren Geschichten gespiegelt.

Bis heute haben die Mythen der alten Griechen nichts von ihrer Faszination verloren. In vielen Dingen haben sie Einzug in unseren heutigen Sprachgebrauch gehalten. Sprechen wir von einer Herkulesaufgabe, so denken wir an eine unfassbar anstrengende und umfangreiche Herausforderung. Herakles, lateinisch Herkules, war ein griechischer Held, der im Auftrag des Königs Eurystheus zwölf unmöglich erscheinende Aufgaben meistern musste. Bezirzen wir jemanden, so wollen wir diesen Menschen mit unserem Charme zu etwas bewegen, was nicht unbedingt zu seinem Vorteil ist. Hier basiert die Wortbedeutung auf der Zauberin Kirke, lateinisch Circe, die Odysseus und seine Gefährten mit ihrer Freundlichkeit bewegen wollte, verzaubertes Essen zu sich zu nehmen.

Fast alle Völker der Erde haben ihre eigenen Sagen, in denen sich die Struktur und die Werte ihrer Gesellschaft wiederfinden. In Griechenland wanderten Sänger, die Rhapsoden, durch das Land und trugen die epischen Werke der damaligen Dichter über Gottheiten und Heldentum vor.

In dieser Tradition des Nacherzählens sollen in diesem Buch die alten Mythen wiederbelebt werden. Wir verfolgen Siege und Niederlagen der Gottheiten und Helden, erleben ihre Schwächen und Stärken sowie Freude und Trauer. So, als ob wir direkt dabei wären.

WAS IST EIN MYTHOS?

Wir Menschen spüren den Drang in uns, eine Erklärung dafür zu finden, was wir beobachten und nicht zuordnen können. Die antiken Menschen waren von Naturgewalten umgeben, Stürmen, Erdbeben, Überschwemmungen, Blitzen, Vulkanausbrüchen, die immer wieder ihr Leben bedrohten. Zudem ging es um existentielle Fragen, die uns bis in die heutige Zeit beschäftigen: Woher kommen wir? Wohin gehen wir? Mythen setzen genau da an. Sie erklären uns, wie die Welt mit Himmel und Erde, Gebirgen und Flüssen entstanden ist, wieso die Sonne scheint und die Sterne leuchten. Sie erzählen, wie wir Menschen auf die Erde gekommen sind, wie der Neid, die Missgunst und der Hass in unser Leben getreten sind und auch, wo wir nach unserem Tod hingehen werden.

Das Wort »Mythos« kommt aus dem Altgriechischen (μῦθος) und bedeutet Wort, Rede, Geschichte, Erzählung. Die Sammlung aller Mythen ist die Mythologie.

Mythen existieren, seit es Menschen gibt. Sie finden sich bereits in den Höhlenmalereien der Steinzeit. Als die Dörfer zu Städten und Staaten wurden, entwickelten die Mythen sich zu einem komplexen System von Geschichten. Diese wurden Grundlage von religiösen Handlungen, bestimmten die soziale Ordnung sowie Sitten und Gebräuche einer Gesellschaft. Gottheiten zu verehren, wurde zum Bestandteil des alltäglichen Lebens.

GIBT ES EINEN UNTERSCHIED ZUR RELIGION?

Für die alten Griechen gab es keinen Unterschied zwischen ihren Mythen und der Religion. Sie glaubten an eine Macht, die über ihnen stand und an der sie sich orientieren konnten. Sie gaben ihrem Glauben Ausdruck in Ritualen, Zeremonien und kultischen Handlungen. Im Gegensatz zum Christentum, Judentum und Islam standen hier statt einem Gott gleich mehrere Gottheiten im Mittelpunkt. Die damaligen Städte fühlten sich mit unterschiedlichen Gottheiten verbunden und bauten ihnen Tempel, die ein entsprechendes Kultbild enthielten. Das Parthenon in Athen wurde für eine große Statue der Göttin Athene gebaut, die aus Elfenbein, Gold und Silber gefertigt war. Nicht weit davon liegt der Tempel von Hephaistos, dem Gott der Schmiedekunst. Bekannt sind auch die olympischen Spiele, die dem Gott Zeus gewidmet waren. Der Austragungsort war ein sakraler Platz mit Heiligtümern und Altären, auf denen Opfer für die Götter dargebracht wurden. Auch die sportliche Leistung wurde als ein solches Opfer aufgefasst. Damit stand nicht der Sport im Mittelpunkt, so wie bei den heutigen olympischen Spielen, sondern die Verehrung des Gottes Zeus.

Um die Gottheiten gnädig zu stimmen, war das Opfern von Früchten, Blumen, Getreide oder Tieren für die damaligen Griechen wichtig. Auch mit Gesang, Dichtung, Tanz und Schauspiel verehrten sie ihre Göttinnen und Götter.

Die Mythen waren heilige Erzählungen, an die sie glaubten und damit auch ihre Religion. Erst mit dem bekannten und einflussreichen Philosophen Platon trat ein Wandel ein. Er hielt die alten Mythen für ausgedachte Erzählungen, vor denen er warnte. Denn er glaubte, dass sie einen schlechten Einfluss auf die Menschen hätten. Er kritisierte die gesamte griechische Dichtung von Homer bis zu seiner Zeit. Platon scheute sich allerdings nicht davor, selbst in die Mythenkiste zu greifen und erschuf die Geschichte von der mächtigen und prächtigen Stadt Atlantis, die im

Meer versank. Diese Geschichte inspirierte viele Forscher dazu, nach dieser sagenhaften Stadt im Mittelmeer zu suchen. Bisher erfolglos.

Wenn am Ende der Glaube schwindet, dann wird aus der Religion ein Mythos. Dies ist Zeus und all seinen göttlichen Schwestern, Brüdern und Kindern passiert.

Wann und wie ist die griechische Mythologie entstanden?

Die griechischen Mythen waren nicht auf einmal da. Erste Geschichten wurden erfunden, in den Dörfern weitererzählt, von Reisenden weitergetragen und ausgeschmückt oder von anderen Völkern ins Land gebracht. Je nach Region oder Stadt veränderten sie sich, Namen und Begebenheiten wurden angepasst. Letztendlich ist die griechische Mythologie, so wie wir sie heute kennen, eine Mischung aus den regionalen Erzählungen Griechenlands und den Geschichten, die aus Ägypten, Mesopotamien und Phönizien ins Land gekommen sind.

Die Landschaft Griechenlands war karg, steinig und zum Inland hin von hohen Gebirgen umgeben. Der Handel mit anderen Ländern war daher über die See am einfachsten. Mit den Schiffen kamen neue Erzählungen und wurden in die bestehenden Sagen eingebaut. Auch mit den Eroberungen durch fremde Völker verschmolzen die eigenen mit den fremdländischen Gottheiten.

Die Geschichte Griechenlands und damit auch die der Mythologie lässt sich von der Bronzezeit bis zur römischen Zeit in fünf Epochen aufteilen.

Die erste Hochkultur entstand ab ungefähr 2000 v. Chr. auf Kreta. Die minoische Kultur war gleichzeitig die erste Hochkultur Europas. Bekannt für diese Zeit sind die sagenhaften Paläste von Phaistos und Knossos. Letzterer könnte die Vorlage für eine der wichtigsten griechischen

Mythen gewesen sein: von König Minos, einem Sohn des Zeus, und seinem Labyrinth, in dem er den Minotaurus gefangen hielt. Räume und Gänge in Knossos sind verwirrend angelegt. Farbenfrohe Fresken zieren die Wände und zeigen unter anderem wie junge Männer und Frauen über einen Stier springen.

Die minoische Kultur ging um 1400 v. Chr. unter. Wahrscheinlich wurde die Insel von den Mykenern erobert, die zuvor das griechische Festland in Besitz genommen hatten. Es folgte die mykenische Epoche, die bis etwa 1200 v. Chr. bestand. In der mykenischen Religion begegnen uns bereits Zeus, Hera, Poseidon, Artemis, Hermes, Dionysos, Ares und Athene. Auch übernahm das kriegerische Volk der Mykener, das für seine Streitwagen bekannt war, die Doppelaxt als Symbol der Macht aus der minoischen Zeit. Die wichtigsten Kleinstaaten in der mykenischen Zeit waren Mykene, Tiryns, Pylos, Athen und Theben. Alles Orte, die sich in den Mythen der Griechen wiederfinden. Das lässt vermuten, dass in dieser Zeit viele der Sagen entstanden sind.

Um 1200 v. Chr. verschwand die mykenische Kultur und es begannen die dunklen Jahrhunderte Griechenlands. Viele Gründe werden dafür vermutet: eine Veränderung des Klimas, das zu Hungersnöten und Naturkatastrophen führte, sowie Kriege zwischen den Stadtstaaten. In dieser dritten großen Epoche ging die Schrift verloren. Lange Zeit bewegte sich das Leben auf einer geringen Stufe der Kultur.

Schließlich wichen diese dunklen Tage der archaischen Zeit, die von 800 bis 490 v. Chr. andauerte. In dieser Zeit wuchs die Bevölkerung wieder und breitete sich über den Mittelmeerraum aus. Von den Phöniziern übernahmen die Griechen das Alphabet und entwickelten es weiter. Dies bildete die Grundlage für das spätere lateinische Alphabet. In dieser Zeit wurden etwa um 776 v. Chr. die ersten olympischen Spiele ausgetragen.

In der klassischen Epoche danach erlebte Griechenland bis ungefähr 323 v. Chr. eine außergewöhnliche Blütezeit. Literarische, philosophische, künstlerische und architektonische Werke haben viele kommende Epochen beeinflusst. Die Werke von Homer über den Trojanischen Krieg und die Irrfahrten des Odysseus entstanden. Sie spielen zwar in der mykenischen Zeit, wurden aber erst in der klassischen Epoche verfasst.

Thales von Milet, der erste bekannte Naturwissenschaftler, brachte von seinen Reisen die Mathematik und Astronomie nach Griechenland. Sokrates begründete die philosophische Ethik, mit der er die Philosophen der damaligen Zeit nachhaltig beeinflusste. Sein berühmtester Schüler war Platon.

Auch wenn sie die gleiche Sprache sprachen und dieselben Gottheiten verehrten, bestand Griechenland zu dieser Zeit aus vielen unabhängigen Stadtstaaten, unter denen Rivalität herrschte. Der Stadtstaat Athen nahm eine besondere Rolle ein. Unter der Führung von Perikles wurde im fünften Jahrhundert v. Chr. die Demokratie ausgebaut, die Akropolis errichtet und der Attische Seebund gestärkt. Athen war auch berühmt für seine großen Dionysien: Über mehrere Tage fanden Festspiele mit Prozessionen, Opfern und Theateraufführungen zu Ehren des Gottes Dionysos statt. Am Ende der Festtage wurden die Sieger aus den Dichterwettstreiten gekürt, unter denen sich auch Aischylos, Sophokles und Euripides befanden.

Ebenso bekannt war Sparta. Im Gegensatz zum pompösen Athen legten die Spartaner den Fokus ihres gesellschaftlichen Lebens auf den Militärdienst. Schon ab dem siebten Lebensjahr wurden die Jungen von ihren Familien getrennt und für den Wettkampf trainiert. Mit 14 Jahren begann die Ausbildung zum Militärdienst, den sie erst mit 29 Jahren vollendeten. Durch diesen unerbittlichen militärischen Drill waren sie als mutige und unbesiegbare Krieger gefürchtet und schufen damit ihren eigenen Mythos. Die Schlacht bei den Thermopylen 480 v. Chr. wurde zu einer der großen Legenden der Antike. Die Perser fielen mit einer großen Streitmacht in Griechenland ein. An den Thermopylen, einem schmalen Engpass, standen ihnen unter der Führung von König Leonidas mit seinen 300 Spartanern eine weit unterlegene Armee von Griechen gegenüber. Sie konnten die Perser nicht besiegen, doch so lange aufhalten, dass Athen evakuiert und sich der Widerstand gegen die Eindringlinge formieren konnte. Leonidas fiel mit seinen 300 tapferen Kriegern. Sein Opfer war nicht umsonst, denn den Griechen gelang es unter der Führung Athens, die Perser zurückzuschlagen.

Mythen waren in all diesen Epochen die Grundlage für das religiöse und gesellschaftliche Leben der Menschen. Im Laufe der klassischen Epoche fand jedoch eine Entmystifizierung statt. In diesem Zeitalter lag die Geburtsstunde der Naturwissenschaft. Es wurde nun nach natürlichen Erklärungen für die Naturphänomene geforscht. So lösten sich die Menschen mehr und mehr vom Glauben, dass ihr Schicksal von Gottheiten bestimmt wurde.

WIESO WISSEN WIR BIS HEUTE VON DIESEN MYTHEN?

Die griechische Mythologie können wir anhand von zehntausenden erhaltenen Vasen aus der archaischen Zeit sowie griechischer und römischer Literatur rekonstruieren.

Die griechische Vasenmalerei war zur damaligen Zeit berühmt, denn sie war von hoher Qualität. Durch die vielen Handelsbeziehungen wurde sie im Mittelmeerraum weit verbreitet. Besonders Athen war bekannt für seine wunderschön glänzenden, eleganten Vasen, bemalt mit schwarzen Figuren auf rotem Grund. Die kunstvollen Bilder sind für die archäologische Forschung eine wahre Fundgrube. Die Illustrationen auf den Vasen erzählen von den Gottheiten und dem Heldentum der damaligen Mythen. Herakles, Zeus, Dionysos oder der Minotaurus werden darauf für uns wieder lebendig. Sie geben uns einen Einblick in die Geschichten der damaligen Menschen, ihre Riten und religiösen Vorstellungen sowie in ihr alltägliches Leben.

Die wichtigsten literarischen Quellen finden sich bei Hesiod, Homer und den drei großen griechischen Tragikern Aischylos, Sophokles und Euripides. Jeder von ihnen hatte einen anderen Zugang zur Welt der Mythen und ordnete ihnen jeweils eine andere Funktion zu.

Die ältesten Dichtungen liefern Hesiod und Homer. Hesiod lebte vor 700 v. Chr. in Böotien, einer Region in Mittelgriechenland. Er war in seiner Jugend Schafhirte am heiligen Berg Helikon gewesen, der für sein Musenheiligtum bekannt war. Die Musen waren die Schutzgöttinnen der Kunst und von ihnen fühlte er sich inspiriert. Als Erwachsener zog er dann von Ort zu Ort und trug seine Lehrgedichte über die Entstehung der Welt und die ersten Gottheiten im Sprechgesang als fahrender Dichter vor. Im Gegensatz zu Homer wollte er aber keine Heldengeschichten erzählen, sondern seine innere Erkenntnis über die Wahrheit der Weltordnung vermitteln. Die Mythen hatte er nicht selbst erschaffen, sondern die vorherrschenden Erzählungen in seinem Werk zusammengefasst. Seine Leistung bestand darin, die gesamte Genealogie aller griechischen Gottheiten erstmalig zu sortieren und zu strukturieren. Er war der Ahnenforscher aller zu seiner Zeit bekannten Göttinnen und Götter.

Homer lebte ebenfalls im 8. Jahrhundert v. Chr. und gilt als Begründer des Heldenepos. Seine beiden Werke »Ilias« und »Odyssee« gelten als Anfang der abendländischen Literatur. Ilias ist der altgriechische Name für Troja. In diesem Epos beschreibt er das letzte Jahr des Trojanischen Krieges, der sich insgesamt über zehn Jahre hingezogen hatte. In der Odyssee dreht sich alles um den König Odysseus und seine lange Irrfahrt nach dem Ende des Trojanischen Krieges. Im Gegensatz zur eher nüchternen Darstellung von Hesiod geht es bei Homers Epen um Liebe, Verrat, Rache, Ehre und List. Und über allem schwebt ein göttliches Schicksal. Ungeheuer, schöne Prinzessinnen und strahlende Helden sind die Mischung, die bis heute ihre Wirkung nicht verloren hat. Auch hier ist die Dichtung eine Zusammenfassung überlieferter historischer Ereignisse, jedoch so stark idealisiert, dass in ihr nur noch ein Funken Wahrheit übrig bleibt. Dennoch gewährt sie uns einen Einblick in die damalige Vorstellung der Beziehung zwischen Menschen und Gottheiten, wobei die Göttinnen und Götter selbst allzu menschliche Züge in ihren Streitigkeiten, ihrem Zorn und ihrer Eifersucht haben. So wird der Trojanische Krieg letztendlich durch die Rache einer beleidigten Göttin ausgelöst.

Um Homer selbst ranken Mythen, denn es gibt keine gesicherten Angaben über sein Leben und seinen Namen. War er ein realer Mensch oder eine mystische Persönlichkeit? Es finden sich zumindest viele antike Bildnisse, auf denen Homer blind dargestellt wird. Das passt zur damaligen Vorstellung, dass Seher und Dichter durch ihre Blindheit göttlich wirken können. Die Geschichten Homers wurden in ganz Griechenland erzählt und einten die Städte, die in großer Rivalität zueinander standen und unter denen immer wieder Kriege ausbrachen.

Auch Dramatiker und Dichter in der Zeit nach Homer und Hesiod erzählten von Gottheiten und Helden. Besonders ein Trio war hier maßgeblich: Aischylos, Euripides und Sophokles. Ihre Theaterstücke werden bis heute auf den Bühnen dieser Welt aufgeführt. Agamemnon, Ödipus oder Antigone führen uns zurück in die antike Zeit.

Eine weitere wichtige Quelle findet sich in der römischen Literatur: die Metamorphosen von Ovid, die in den Jahren 1–8 n. Chr. verfasst wurden. Ovid erzählt in seinem Werk rund 250 Verwandlungssagen aus der griechischen und römischen Mythologie. Das Werk beginnt mit der Erstehung der Welt. Hauptthema ist jedoch die Verwandlung von Menschen und niedrigen Gottheiten in Tiere, Pflanzen oder Sternbilder. Hier finden wir Helden wie Perseus wieder, der Medusa ihr grässliches Haupt abschlug.

Das Problem der vielfältigen Quellen besteht darin, dass sie kein einheitliches Bild liefern, sondern Platz für unterschiedliche Interpretationen lassen. So folgen auch die in diesem Buch vorgestellten Mythen nur einer von mehreren Möglichkeiten der Darstellung.

Auch ist wichtig zu erwähnen, dass die Sagen an vielen Stellen ein veraltetes Weltbild wiedergeben. Aus heutiger Sicht würde man ihnen unter anderem vorwerfen, Geschlechterstereotypen und patriarchale Strukturen zu reproduzieren. Ähnlich wie bei Märchen ist es also angebracht, ihnen bei aller Freude, die sie heute noch bringen, mit der nötigen Reflexion zu begegnen.

Jetzt wird es Zeit, dass wir uns auf den Olymp begeben und die Nebel durchdringen, die ihn für uns Menschen verhüllen. Wirf mit mir einen Blick auf Liebe, Leid, Verlust, Rache und boshafte Intrigen. Lerne die Magie und Kräfte von Gottheiten kennen und erlebe, wie Menschen Heldentaten begehen und ihr göttliches Schicksal verändern können.

DIE ZWÖLF VOM OLYMP

Der Olymp ist der Wohnort der Gottheiten und befindet sich auf dem gleichnamigen Berg. Dort leben sie in einem goldenen Palast und ernähren sich von Ambrosia, eine Art Nektar, der sie unsterblich macht.

ZEUS

KÖNIG ALLER GOTTHEITEN, HERRSCHER DES OLYMPS

Eigenschaften: freundlich, gütig, gerecht, streitschlichtend, aber auch grausam, wenn er zornig ist

Eltern: Kronos und Rhea

Partnerin: Hera

Kinder: Ares, Hermes, Athene, Persephone, Apollon, Artemis, Dionysos, Herakles, Perseus, Minos und viele weitere

Symbole: Adler, Blitz, Donner, Schild Ägis

Wissenswertes und Kurioses: Er hat die Fähigkeit, seine Form zu verändern und sich in Tiere, Menschen oder auch in einen Goldregen zu verwandeln. Außerdem ist er auch gut darin, Blitze zu schleudern sowie Regen, Hagel und Schnee auf die Erde zu schicken.

HERA

KÖNIGIN ALLER GOTTHEITEN, HERRSCHERIN DES OLYMPS

Eigenschaften: rachsüchtig, eifersüchtig, listig, stolz, herablassend, eitel

Eltern: Kronos und Rhea

Partner: Zeus

Kinder: Ares, Hebe, Eileithia, Hephaistos

Symbole: Zepter, Diadem, Kuh, Pfau, Granatapfel

Wissenswertes und Kurioses: Sie ist die Beschützerin der Ehe, des Herdes und der Familie. Hauptsächlich ist sie damit beschäftigt, ihrem Mann hinterher zu spionieren und seine Geliebten unerbittlich zu verfolgen.

DEMETER

GÖTTIN DER ERNTE UND DER JAHRESZEITEN

Eigenschaften: mütterlich, warmherzig, einfühlsam, liebevoll

Eltern: Kronos und Rhea

Geliebte: Zeus und Iason

Kinder: Persephone, Pluto

Symbole: Weizenähre, Mohn, Fackel

Wissenswertes und Kurioses: Wenn die Göttin traurig ist, wächst keine Pflanze mehr und das Land verkümmert. Denn sie sorgt dafür, dass die Felder fruchtbar sind und eine reiche Ernte liefern.

POSEIDON

GOTT DER MEERE

Eigenschaften: ungestüm, unberechenbar, zornig, stürmisch

Eltern: Kronos und Rhea

Partnerin: Amphitrite

Kinder: Triton, Pegasus, Orion, Polyphem und weitere

Symbole: Dreizack, Delfin, Pferd

Wissenswertes und Kurioses: Er lebt lieber in seinem Palast tief unten im Meer als oben auf dem Olymp. Seine Wut löst Überschwemmungen und Erdbeben aus oder ruft Meeresungeheuer hervor.

ATHENE

GÖTTIN DER WEISHEIT, DES KAMPFES UND DER STRATEGIE

Eigenschaften: mutig, umsichtig, geschickt, erfinderisch, fühlt sich schnell gekränkt

Eltern: Metis und Zeus

Partner: keinen

Kinder: Ziehsohn Erichthonios

Symbole: Eule, Olivenbaum, Schlange, Fell, Schild

Wissenswertes und Kurioses: Die Stadt Athen steht unter ihrem Schutz. Sie mag es überhaupt nicht, nackt begafft zu werden. Als Teiresias sie zufällig beim Baden sah, ließ sie ihn in ihrer Wut erblinden. Anschließend bereute sie es, weil ihr Sinn für Gerechtigkeit verletzt war. So gab sie ihm die Fähigkeit des Hellsehens, wodurch Teiresias zum berühmtesten Seher der Antike wurde.

ARES

GOTT DES KRIEGES

Eigenschaften: wild, roh, blutrünstig, aggressiv, grausam, erbarmungslos

Eltern: Hera und Zeus

Geliebte: Aphrodite, Otrere

Kinder: Deimos („Furcht"), Phobos („Panik"), Harmonia („Eintracht"), die Amazonenköniginnen Hippolyte und Penthesilea

Symbole: Fackel, Hund, Geier, Schwert, Helm, Schild

Wissenswertes und Kurioses: Bei den Griechen kam Ares als Gott nicht gut an und wurde wenig verehrt. Durchgestartet ist er erst bei den Römern, die ihn unter dem lateinischen Namen Mars zu ihren Gottheiten hinzufügten. Dort gilt er als Vater von Romulus und Remus, die Rom gegründet haben.

HEPHAISTOS

GOTT DES FEUERS UND DER SCHMIEDEKUNST

Eigenschaften: handwerklich geschickt, eigenbrötlerisch, trickreich

Eltern: Hera und Zeus

Partnerin: Aphrodite

Kinder: keine

Symbole: Schmiedehammer, Beil, Kappe

Wissenswertes und Kurioses: Hephaistos ist gleich zweimal vom Olymp geflogen. Beim ersten Mal hatte Hera sich beim Anblick ihres hässlichen, neugeborenen Sohnes so erschrocken, dass sie ihn vom Olymp warf. Beim zweiten Mal war es Zeus, der ihn bei einem Streit vom Olymp auf die Erde schleuderte. Er überlebte jedes Mal, aber ein Hinken blieb zurück.

APHRODITE

GÖTTIN DER LIEBE UND DER SCHÖNHEIT

Eigenschaften: eitel, ungehalten, sanft, zart, lieblich, heiter, anmutig, sinnlich

Eltern: Uranos

Partner: Hephaistos

Kinder: Hermaphroditos, Äneas, Priapos und weitere

Symbole: Spiegel, Apfel, Muschel, Taube, Schwan, Schildkröte

Wissenswertes und Kurioses: Sie besitzt einen magischen Gürtel. Wer ihn trägt, wird für alle unwiderstehlich. Einmal hat sogar Hera sich den Gürtel ausgeliehen, um Zeus im Trojanischen Krieg abzulenken. So konnte ihr Bruder Poseidon die Griechen besser unterstützen.

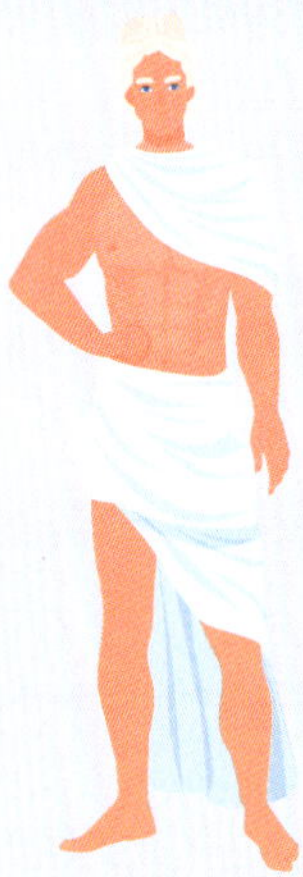

APOLLON

GOTT DER WEISSAGUNG, DER HEILKUNST UND DER KÜNSTE

Eigenschaften: selbstbewusst, eitel, feinfühlig, empfindsam, jähzornig, musisch begabt, seherisch

Eltern: Leto und Zeus

Geliebte: viele männliche wie weibliche

Kinder: Asklepios, Orpheus und andere

Symbole: Leier, Pfeil und Bogen

Wissenswertes und Kurioses: Er trifft zielsicher sowohl die Töne auf seiner Leier als auch mit Pfeil und Bogen. Beim Diskurswurf aber versagte seine Zielsicherheit: Er tötete seinen Geliebten Hyakinthos bei einem Wettkampf mit der Schreibe. Aus Hyakinthos' Blutstropfen, die auf den Boden fielen, und Apollons Tränen wuchsen lilienartige Blumen empor: die Hyazinthen.

ARTEMIS

GÖTTIN DER JAGD UND DES WALDES

Eigenschaften: jungfräulich, gütig und hart zugleich

Eltern: Leto und Zeus

Partner: keinen

Kinder: keine

Symbole: Pfeil und Bogen aus Silber, Hirschkuh

Wissenswertes und Kurioses: Sie verwandelt Menschen in Sternbilder oder Tiere. So ist Orion als Sternbild am Nachthimmel gelandet und Aktäon wurde zum Hirsch. Sie steht allen gebärenden Frauen hilfreich zur Seite.

HERMES

GOTT DER REISENDEN UND DIEBE

Eigenschaften: schlau, listig, gerissen, erfinderisch, verschlagen, spielt gerne Streiche

Eltern: Maia und Zeus

Geliebte: Aphrodite, zahlreiche Nymphen und menschliche Frauen

Kinder: Hermaphroditos, Pan

Symbole: Flügelschuhe, Flügelkappe, Heroldsstab, Reisehut

Wissenswertes und Kurioses: Als Götterbote von Zeus durchquert er Himmel, Erde und Unterwelt. Er begleitet die Toten in den Hades und steht Helden wie Perseus, Herakles und Odysseus bei ihren Abenteuern bei. Kaum geboren erfand er die erste Lyra, die er aus einem Schildkrötenpanzer baute.

HESTIA

GÖTTIN DES HERDES

Eigenschaften: bescheiden, still, zurückhaltend, unscheinbar

Eltern: Rhea und Kronos

Partner: keinen

Kinder: keine

Symbole: Flamme

Wissenswertes und Kurioses: Poseidon und Apollon stritten um ihre Aufmerksamkeit und wollten sie zur Frau haben. Das hat Hestia so genervt, dass sie beschloss, Jungfrau zu bleiben. Überhaupt störten sie die ewigen Streitereien in der Familie, so dass Hestia schließlich den Olymp verließ. An ihrer Stelle konnte der Gott Dionysos in den Olymp aufrücken.

DIE UNTERWELT

Die Unterwelt befindet sich weit unten in der Erde und kann nur durch besonders tiefe Höhlen und Seen erreicht werden. Es ist ein düsterer, ungastlicher Ort, an dem niemals die Sonne scheint. Hierhin wandern die Seelen der Toten.

HADES

GOTT DER UNTERWELT

Eigenschaften: dunkel, düster, grimmig, streng, traurig, keusch

Eltern: Rhea und Kronos

Partnerin: Persephone

Kinder: keine

Symbole: Zweizack, Tarnhelm, goldener Schlüssel

Wissenswertes und Kurioses: Er ist nicht nur Herrscher über die Verstorbenen, sondern auch über alles, was aus der Tiefe der Erde an Pflanzen emporwächst. Mit dem goldenen Schlüssel verschließt er alle Türen, die zurück ins Leben führen. Drei schafften dennoch den Weg hinaus aus der Unterwelt: Herakles, Odysseus und Orpheus.

PERSEPHONE

GÖTTIN DER UNTERWELT, FRÜHLINGSGÖTTIN

Eigenschaften: treu, freundlich, fröhlich, auch ernst und streng

Eltern: Demeter und Zeus

Partner: Hades

Kinder: keine

Symbole: Granatapfel, Kornähren

Wissenswertes und Kurioses: Sie lebt vier Monate in der Unterwelt und acht Monate auf der Erde. Alles, was sie anfasst, erblüht. Askalaphos, den Obstgärtner der Unterwelt, mochte sie nicht und rollte einen großen und schweren Stein auf ihn. Denn er verpetzte sie bei Hades, als sie einen Granatapfel aus dem Obstgarten vernascht hatte.

CHARON

FÄHRMANN DER UNTERWELT

Eigenschaften: mürrisch, grimmig, düster, launisch

Wissenswertes und Kurioses: zwei Flüsse trennen die Oberwelt von der Unterwelt: Archeron, der Fluss der Trauer, und der Styx. Dort wartet der blinde Fährmann Charon auf die Toten und setzt sie mit seinem Boot über. Als Fährgeld verlangt er eine Münze, die den Toten von den Hinterbliebenen unter die Zunge gelegt wurde. Findet er kein Geld vor, so lässt er die Toten am Ufer zurück, wo sie ewig verloren herumwandern. Ist er mies gelaunt, müssen die Toten auch mal warten, ehe sie übergesetzt werden.

KERBEROS

HÖLLENHUND, PFÖRTNER DER UNTERWELT

Eigenschaften: grausam, gefährlich, wachsam, unsterblich

Eltern: Echidna und Typhon

Geschwister: Chimäre, Hydra, Sphinx

Wissenswertes und Kurioses: Mit seinen drei Köpfen ist er ein hässliches Ungeheuer. Er bewacht die Tore zur Unterwelt und begrüßt die Toten, die von Charon übergesetzt werden. Sein Bellen warnt Hades vor Eindringlingen. Wenn er bemerkt, dass jemand die Unterwelt verlassen will, kommt sein grausamer Charakter zum Vorschein und er frisst Tote wie Lebende auf.

Er liebt Musik und Gesang. Die Musik von Orpheus verzauberte ihn so sehr, dass er seinen Herrn Hades nicht vor diesem Fremdling warnte.

DIE MYTHEN UND SAGEN

DIE ENTSTEHUNG DER WELT

Vor dem Beginn der Zeit gab es das Chaos. Es war ein Raum ohne Anfang und Ende, ein gewaltiges Nichts, in dem die Elemente Erde, Feuer, Wasser und Luft wild durcheinanderwirbelten. Sie kämpften gegeneinander, nicht wissend, wo ihr Platz in dieser Unordnung war. Funken sprühten, Rauch und Dampf stiegen auf.

In all dem Lärm, Dunst und Feuer geschah auf einmal etwas Wundersames: Aus diesen schier endlosen und unfassbaren Nebeln entstieg Gaia, die Erdmutter, gefolgt von Erebos, der Finsternis, Nyx, der Nacht und Tartaros, der die tiefste Tiefe in dieser Welt, das finstere Reich der Toten verkörperte. Fiel ein Amboss von der Erde in die Unterwelt, so brauchte er neun Tage, um im Tartaros anzukommen. Er war ein dunkler Gott, der sein Herrschaftsgebiet mit einem Fluss schützte, der aus heißen und lodernden Flammen bestand, und einer Mauer aus Eisen, die so riesig und dick war, dass niemand sie überwinden konnte.

Zum Schluss entsprang Eros dem Chaos, ein wunderschöner junger Mann, mit schwarzem, lockigem Haar und goldenen Flügeln. Er brachte die Liebe auf die Erde.

Mit Gaia, Erebos, Nyx, Tartaros und Eros waren die ersten fünf Gottheiten erschienen.

Nyx und Erebos, die beide mit der Dunkelheit verbunden waren, verliebten sich ineinander. Aus dieser Liebe wurden Äther, die Luft, und Hemera, der Tag, geboren.

Als Gaia sich umblickte, sah sie, wie leer und gestaltlos dieser neue Planet noch war. So schuf sie die hohen Berge, von Nebeln umhüllt, auf deren höchsten Gipfeln später die Gottheiten wohnen sollten. Sie gebar Pontos, das Meer, das ihre Küsten umspülte. Ihr Blick war sanft, wenn sie ihn über die Erde schweifen ließ, über Bäume, Blumen, Gräser, Früchte oder Gewässer. Denn auch sie waren ihre Kinder. Wurden ihre Sprösslinge unachtsam oder respektlos behandelt, wurde ihre Miene dunkel und hart. In ihrem Kleid schimmerten Berge, Täler und das Erdreich. Legte sie sich hin, so verschmolz sie mit der Landschaft, die sie erschaffen hatte. Stand sie auf, um auf ihrer Erde zu wandern oder sich ihren Kindern zu zeigen, so war sie eine große Frau mit braunen, lockigen Haaren, die ein rundes Bäuchlein vor sich hertrug.

Doch noch war sie einsam. So schenkte sie schließlich Uranos, dem Himmel, das Leben, der sie wie eine sanfte Decke umhüllen sollte. Er erwachte und schmiegte sich mit seiner sternenübersäten Haut an ihre vielen Hügel. Beide waren so glücklich miteinander, dass die Erdmutter und der Himmelssohn sich schließlich verliebten.

Das Ergebnis dieser Liebesfreuden ließ nicht lange auf sich warten. Ihre ersten Kinder waren Okeanos, ein gewaltiger Strom, der die Erde umfließt, und Tethys, eine Meeresgöttin. Beide waren so groß, dass sie ihre Eltern überragten. Die Menschen bezeichneten sie später als Titanen. Aus Okeanos‘ und Tethys‘ Verbindung wiederum entstanden die Okeaniden, zu denen alle Quellen, Bäche und Brunnen gehörten.

Die beiden sollten nicht die einzigen Titanen auf dieser noch ungezähmten und wilden Welt bleiben. Weitere Kinder von Gaia und Uranos folgten: Hyperion, Iapetos, Koios, Kreios, Kronos, Mnemosyne, Phoibe, Rhea, Themis und Theia. Aus insgesamt sechs Töchtern und sechs Söhnen bestand das Geschlecht der Titanen. Aus der Ehe von Hyperion und Theia entstanden Helios, die Sonne, Selene, der Mond, und Eos, die Morgenröte. Ihr Sohn Iapetos verliebte sich in die schöne Okeanidin Klymene und deren Kinder waren Atlas, Menoitis, Prometheus und Epimetheus. Diese sollten für den weiteren Verlauf der Geschichte wichtig werden.

Nach und nach bevölkerte so eine ganze Götterfamilie die frühe Welt. Über alle herrschten Gaia und Uranos gemeinsam und glücklich viele unzählige Jahre.

Bis ihre jüngsten Kinder das Licht der Welt erblickten: drei Kyklopen, Wesen mit einem kreisrunden Auge in ihrem Gesicht, und drei Hekatoncheiren, riesige Gestalten mit 50 Köpfen und 100 Armen. Die Einäugigen und die Vielarmigen waren hässliche und furchteinflößende Gestalten. Sie hatten so gar keine Ähnlichkeit mit dem muskulösen und stattlichen Vater. Uranos hasste seine Kinder und fürchtete zugleich die große Macht, die er bereits in ihnen spürte. Keiner sollte ihm den Thron streitig machen! Darum dachte er sich einen boshaften Plan aus: Er wollte sie schnellstmöglich für immer in den Tartaros sperren.

Am Abend, als sie sich an ihrem gemeinsamen Lager trafen, erzählte er Gaia von seiner Absicht.

»Sie sind Monster«, sagte er zu ihr. »Solche Abscheulichkeiten dürfen nicht ihr Unwesen auf dieser Welt treiben. Sie sind eine Gefahr für uns alle!«

Gaia war entsetzt. Liebte sie doch jedes Kind, das sie geboren hatte, von ganzem Herzen. So flehte sie verzweifelt um Gnade und wollte Uranos von seiner Absicht abhalten.

»Tu das unseren Kindern nicht an! Sie verdienen es, das Licht dieser schönen, neuen Welt zu sehen. Du täuschst dich, sie sind keine Gefahr. Ich flehe dich als Mutter an: Lass von deinem Vorhaben ab!«

Es war vergebens. Uranos war fest entschlossen.

Schließlich verbarg er seine Kinder tief im Innern der Erde und verwehrte ihnen so, das Tageslicht jemals wieder zu sehen.

Gaia war rasend vor Wut und konnte ihrem Mann nicht verzeihen. Sie holte Erz aus der Erde und formte daraus eine magische und scharfe Sichel. Mit dieser ging sie zu den Titanen und bat ihre Kinder um Unterstützung.

»Seht doch, wie euer eifersüchtiger Vater eure Brüder in die Unterwelt verbannt hat. Es gab keinen Grund dafür! Selbst meine Tränen haben ihn nicht erweichen können«, klagte sie und fuhr schmeichelnd fort: »Ich liebe euch alle. Nur ihr könnt ihn aufhalten!«

Dann flehte sie: »Ihr müsst seine Grausamkeiten beenden und ihn von seinem Thron stoßen! Ihr müsst eure Geschwister befreien!«

Keiner der Titanen rührte sich. Zu sehr fürchteten sie sich vor dem Zorn ihres Vaters. Zu oft hatten sie gesehen, wie er Fehltritte seiner Kinder mit harter Hand bestrafte.

Es war schließlich Kronos, der hervortrat.

»Ich werde es tun, Mutter!«

Gaia freute sich über den Mut ihres Sohnes.

»Mit dieser Sichel wirst du deinen grausamen Vater entmachten können. Ich habe sie mit der Kraft der Erde erschaffen«, sagte sie. Dann riet sie ihm, sich in der Nähe ihres Lagers aufzuhalten. Wenn sein Vater in der Nacht zu ihr kommen würde, sollte er zuschlagen.

Kronos hörte auf die Worte seiner Mutter und versteckte sich hinter Felsen, um seinem Vater Uranos aufzulauern. Dieser kam nichtsahnend zum Bett seiner Frau und wollte sich an sie schmiegen. Kronos sprang hervor und packte seinen Vater von hinten. Ein wilder Kampf entbrannte, bei dem die Erde vor Angst zitterte und bebte. So groß waren die Kräfte, die aufeinanderprallten. Sie zogen und zerrten aneinander, drückten sich nieder und umschlangen sich gegenseitig. Schließlich gelang es Kronos, seinen Vater mit der Sichel zu entmannen. Er nahm das abgetrennte Geschlecht und warf es mit einem triumphierenden Lachen ins Meer.

Als sich Blut und Samen mit dem Wasser vermischten, schäumte der Ozean wild auf, wogte hin und her, bis daraus eine Gestalt hervorwuchs. Es war Aphrodite, die aus dem Schaum geborene Göttin der Liebe, der Schönheit und der sinnlichen Begierde.

Etwas von Uranos' Blut tropfte auch auf Gaia und befruchtete sie. So gebar sie die Erinnyen, schaurige Rachegöttinnen, und die starken Giganten mit ihren schlangenartigen Beinen.

Kronos verbannte den geschwächten Uranos ins finstere Gefängnis des Tartaros und herrschte fortan an seiner Stelle. Bevor sich die Tore der Unterwelt endgültig vor Uranos verschlossen, rief er seinem Sohn zu: »So, wie du mich vom Thron gestoßen hast, wird dein eigener Sohn dich ebenfalls zu Fall bringen!«

Dann machte Kronos sich auf, seine Geschwister zu befreien. Als er die wilden und starken Kyklopen und Hekatoncheiren sah, die mit ihrer rohen Kraft die Eisenwände des Tartaros erzittern ließen, zweifelte er daran, ob ihre Befreiung eine gute Idee war. Niemand sollte seine neue Macht gefährden. So drehte er den heulenden und brüllenden Schwestern und Brüdern den Rücken zu und kehrte ohne sie an die Oberfläche zurück.

Gaia schäumte vor Wut, als sie bemerkte, dass er seine Geschwister nicht befreit hatte.

»Ich habe mich in dir getäuscht, als ich dich für gütiger als deinen Vater hielt.«

Sie wiederholte den Fluch ihres Mannes: »Auch du wirst deinen Thron durch die eigenen Kinder verlieren. Genau so, wie dein Vater es vorhergesehen hat.«

Kronos lachte nur, denn er hielt seine Macht für unantastbar.

DER KAMPF DER TITANEN UND GIGANTEN

Mit Kronos begann ein goldenes Zeitalter, in dem Honig aus den Eichen floss und alle Wesen mit köstlichem Nektar versorgte. Die Düsternis seines Vaters war verschwunden.

Bald schon hatte Kronos nur noch Augen für seine Schwester Rhea, eine Riesin so wie er. Er mochte ihre mütterliche und warme Art, fühlte sich geborgen in ihrer Nähe. So suchte er immer wieder ihre Gesellschaft und umwarb sie mit liebevollen Schmeicheleien. Schließlich erweichten seine Worte Rhea und sie verliebte sich in ihn.

Als sie mit ihrem ersten Kind schwanger war, erinnerte sich Kronos an die Prophezeiung seiner Eltern. Direkt nach der Geburt packte er seine Tochter Hestia und verschlang sie mit Haut und Haaren. Rhea war entsetzt, aber machtlos gegenüber ihrem mächtigen Ehemann. So erging es jedem Kind, das sie auf die Welt brachte. Nach und nach verschwanden Demeter, Hera, Hades und Poseidon in Kronos' finsterem Rachen. Bei jedem Kind wuchs Rheas Verzweiflung. Als sie erneut schwanger wurde, wandte sie sich ratsuchend an ihre Mutter Gaia.

»Was soll ich tun? Ich will kein weiteres Kind verlieren, das ertrage ich nicht mehr«, schluchzte sie.

»Bringe dein Kind auf der Insel Kreta zur Welt und verstecke es dort«, riet Gaia. »Mit einer List lässt du Kronos glauben, dass er auch dieses Neugeborene verschlungen hat!«

So verschwand Rhea nach Kreta und brachte in einer einsamen Höhle des Berges Ida ihren Sohn Zeus zur Welt.

Kronos wurde wütend, als er bemerkte, dass seine Frau fort war. Er fragte Vögel und Insekten nach dem Verbleib seiner Gattin. Die Bienen erzählten ihm schließlich, dass sie Rhea auf Kreta gesehen hätten. So eilte er mit einem Segelschiff zur Insel und verlangte, dass sie ihm das Neugeborene aushändigte.

Rhea jedoch hatte zuvor einen Felsen aus der Höhle herausgebrochen und ihm die Form eines Kindes gegeben. In blutige Tücher gewickelt reichte sie Kronos den Stein. Gierig griff er danach und verschlang ihn sofort. Zufrieden streichelte er seinen mittlerweile dicken Bauch und verließ die Insel. Seine Macht war gesichert!

Rhea weinte vor Erleichterung, ihr Kind gerettet zu haben.

Sie ging zur Höhle zurück und liebkoste ihren Sohn ein letztes Mal zärtlich.

»Passt gut auf ihn auf«, bat sie die heimischen Bergnymphen.

»Das werde ich tun«, antwortete eine bekannte Stimme hinter ihr. Es war Gaia, die ihrer Tochter gefolgt war.

»Ach, Mutter!« Rhea warf sich glücklich in ihre Arme.

»Sei unbesorgt«, beruhigte sie ihre Tochter. »Wenn die Zeit reif ist, wird Zeus zu dir und deinem Mann an den Königshof kommen. Kronos wird ihn nicht erkennen.«

Rhea küsste Zeus auf die Stirn und eilte zurück zu ihrem Mann.

Gut behütet wuchs Zeus bei den fröhlichen Bergnymphen und seiner Großmutter auf. Schnell reifte er zu einem jungen und kräftigen Mann heran. Lockige, blonde Haare umspielten sein schmales Gesicht, seine Augen blickten klar und wissend unter dunklen Wimpern hervor.

Gaia erzählte ihrem Enkel vom grausamen Schicksal seiner Brüder und Schwestern. Aufgebracht rannte Zeus zum Ufer des Meeres und warf große Steine ins Wasser.

»Was soll das?«, ertönte eine aufgebrachte Stimme hinter ihm. »Warum störst du meine Geschwister?«

Zeus fuhr erschrocken herum, um die Urheberin der Worte zu sehen. Eine schlanke Gestalt mit fließenden, langen Haaren stand vor ihm. Ihre blauen Augen schauten ihn offen und neugierig an. Sie war wunderschön und Zeus mochte es sogleich, wie sie keck ihren Kopf zur Seite neigte.

»Ich bin wütend«, antwortete er ihr. »Ich wollte deine Geschwister nicht stören. Aber mein Vater Kronos hat *meine* Geschwister verschlungen. Und ich weiß nicht, wie ich ihnen helfen kann.«

Zeus stutzte, als ihm bewusste wurde, dass er sein Herz einer ihm völlig unbekannten Frau ausgeschüttet hatte. Sie schien seine Gedanken zu erraten, denn sie antwortete, ohne gefragt zu werden.

»Ich bin Metis, die Tochter von Okeanos und Tethys. Die Flüsse und Meere sind meine Geschwister.«

»Ich bin Zeus«, sagte Zeus und spürte, wie ihm eine leichte Röte ins Gesicht stieg. Er mochte Metis auf Anhieb.

»Ich kann dir helfen«, sagte sie und reichte ihm eine kleine Flasche, in der sich eine grüne Flüssigkeit befand.

»Schütte dies in den Becher deines Vaters und deine Geschwister werden zu dir zurückkommen!«

Sie schenkte ihm ein Lächeln und verschwand mit einem Augenzwinkern in den Wellen des Mittelmeeres.

Zeus wollte zu seiner Großmutter Gaia zurückeilen, um ihr von seiner Begegnung zu erzählen. Als er zur Höhle kam, sah er sie mit einer fremden, großen Frau davorstehen. Als diese sich zu ihm umblickte, hüpfte sein Herz. Sofort wusste er, dass es sich um seine Mutter handelte. Scheu ging er auf sie zu und verneigte sich.

»Mein Sohn«, rief Rhea und drückte ihn an ihre warmen und großen Brüste. »Es ist Zeit, dass du zu mir und deinem Vater an den Hof kommst. Es ist Zeit, Rache für deine Geschwister zu nehmen!«

Zeus nickte.

»Und ich weiß auch schon wie«, antwortete er listig. »Ich muss nur in die Nähe von Kronos und seinem Trinkbecher kommen.«

»Ich werde dich als seinen neuen Mundschenk einführen. Dann bist du für seine Getränke verantwortlich.«

So kehrte Zeus mit seiner Mutter an den Königshof seines Vaters zurück. Kronos erkannte seinen Sohn nicht und ließ sich willig von ihm bedienen. Unbemerkt schüttete er Metis' Zaubertrank in den Becher und reichte ihn seinem Vater. Mit Schwung kippte Kronos den Trank herunter. Als er den Becher auf den Tisch zurückstellte, verwandelte sich seine fröhliche Miene in eine schmerzverzerrte Grimasse. Er würgte und hustete. Sein Gesicht lief grün an. Schließlich erbrach er den großen Stein, den er zuletzt verschlungen hatte, gefolgt von all seinen Kindern, bis er schließlich erschöpft zusammenbrach.

»Kommt mit, ich weiß einen Ort, wo wir sicher sind«, forderte Zeus seine Brüder und Schwestern auf. Sie folgten ihm dankbar und er führte sie zum Olymp. Von diesem Ort hatte ihm seine Großmutter erzählt. Es war der höchste Berg Griechenlands und kein Mensch konnte ihn erreichen.

Kronos war außer sich vor Zorn, dass er so überlistet worden war. Sogleich rief er alle seine Geschwister zu sich, denn wenn er fiel, würde auch das Geschlecht der Titanen untergehen. Sie folgten seinem Ruf und eilten siegessicher zum Olymp, um die frechen Emporkömmlinge zu vernichten. Rheas Töchter und Söhne schafften es mühsam, die Angriffe abzuwehren. Noch jung und frisch waren ihre göttlichen Kräfte. Doch sie wuchsen mit jedem Jahr, den dieser Krieg dauerte.

Zehn Jahre rangen sie miteinander und keiner konnte gewinnen. Es war schließlich Gaia, die ihrem Enkel Zeus half. Sie riet ihm, die Kyklopen und die Hundertarmigen aus ihrem Gefängnis zu befreien.

Zeus stieg hinab in die Tiefe zum äußersten Rand der Erde.

»Ich befreie euch, wenn ihr mir im Kampf gegen die Titanen beisteht«, bot er ihnen an.

Sie zögerten keinen Augenblick. Das Lachen von Kronos, der sie in ihrem Verließ zurückgelassen hatte, klang noch immer in ihren Ohren. Mit Ambrosia, der Speise der Götter, stärkte Zeus die Ungeheuer. Denn die langen Jahren in der Dunkelheit hatten ihre Kräfte schwinden lassen. Bald schon waren sie bereit, Zeus und seine Geschwister zu unterstützen.

Die Kyklopen schmiedeten ihnen hilfreiche Waffen: für Hades einen Helm, der unsichtbar macht, für Poseidon einen Dreizack und für Zeus Blitze.

So ausgerüstet und mit den Hundertarmigen an ihrer Seite zogen die sechs olympischen Gottheiten erneut in die Schlacht.

Zeus schleuderte seine Blitze auf die Titanen, während Hades sich unsichtbar von hinten näherte und sie zum Straucheln brachte. Poseidon schwang seinen Dreizack und wütete fürchterlich unter ihnen.

Dann griffen die drei Vielarmigen mit ihren dreihundert Händen dreihundert Felsen und warfen diese auf die Titanen. Sie verschwanden in einer staubigen Wolke aus Steinen und konnten sich nicht mehr rühren. Endlich waren sie besiegt.

Zeus legte sie in Ketten und verbannte sie in den Tartaros.

Gaia war enttäuscht über diese Entwicklung. Sie hatte auf eine Versöhnung mit ihren Kindern, den Titanen, gehofft.

Erneut spannte sie ihre Nachkommen für ihren Rachefeldzug ein. Diesmal hetzte sie die Giganten, die sie aus Uranos Blut geboren hatte, gegen die olympischen Götter auf. Sie waren eine furchterregende Erscheinung mit schuppigen Beinen, die wie Drachenschwänze aussahen.

Mächtig und schier unbezwingbar stürmten sie gegen den Olymp, um Zeus und sein Gefolge mit brennenden Fackeln, Felsbrocken und ausgerissenen Eichenstämmen zu vernichten. Vor dieser schrecklichen Wut verblassten die Gestirne und das Meer zog sich voller Furcht zurück.

Grollende Erdbeben rollten zum Göttersitz und erschütterten diesen in seinen Grundfesten.

Alle versammelten sich um Zeus, um den Olymp gegen die wütenden Attacken der Giganten zu verteidigen. Nichts schien ihnen Einhalt gebieten zu können. Schließlich fragten die Götter das Orakel um Rat. Dies weissagte ihnen, dass sie nur mit der Hilfe eines Sterblichen den Sieg erringen könnten.

Daher ging Zeus zu seinem Sohn Herakles, den er mit der Sterblichen Alkmene gezeugt hatte, und bat ihn im Kampf um Hilfe. Herakles folgte seinem Vater in die Schlacht und so besiegten sie einen Giganten nach dem anderen.

Gaia betrauerte den Tod ihrer Kinder und ihr Zorn fand neue Nahrung. Sie zeugte Typhon, ein riesiges Ungeheuer mit Schlangenfüßen und 100 Drachenköpfen, die Feuer spuckten und mit ihren grausamen Stimmen Furcht verbreiteten. Zeus stellte sich dem Ungeheuer allein entgegen. Der Kampf der beiden erschütterte die Erde bis in ihre Tiefen. Schließlich gelang es Zeus, Typhon aus Griechenland zu vertreiben. Der floh nach Sizilien. Zeus verfolgte das Ungeheuer, hob den Berg Ätna an und schleuderte ihn so, so dass er es gänzlich unter sich begrub. Endlich war Typhon besiegt.

Gaia begriff, dass sie gegen Zeus' Herrschaft nichts ausrichten konnte und gab ihre Rachegedanken auf.

Zeus kehrte auf den Olymp zurück und wurde von seinen Geschwistern und Kindern jubelnd empfangen. Ruhe kehrte ein. Seit diesem Zeitpunkt herrschte Zeus unangefochten als König über den Olymp und diese Welt.

PROMETHEUS UND DER DIEBSTAHL DES FEUERS

Zwei junge Titanensöhne hatten sich in der Schlacht auf die Seite von Zeus geschlagen: Prometheus, der Zeus‘ Sieg aufgrund seines scharfen Verstandes vorhergesehen hatte, und sein Bruder Epimetheus. Beide wurden nach dem Ende des Krieges davor verschont, in den Tartaros verbannt zu werden.

Zeus sah betrübt, wie leer und öde die Welt durch die langen Jahre des Krieges geworden war. Er bat seine Schwester Demeter, alle Bäume, Sträucher, Gräser und Blumen wieder aus der zerstörten Erde emporwachsen zu lassen. Sie bedeckte die tiefen Wunden des Landes mit sanftem und heilendem Grün. Den beiden Brüdern Prometheus und Epimetheus gab er die Aufgabe, Leben entstehen zu lassen. Epimetheus sollte sich um alle Tiere kümmern, Prometheus bekam den weitaus schwierigen Auftrag: Er sollte die Menschen erschaffen.

Epimetheus legte sofort begeistert los. Die Ideen sprudelten aus ihm heraus: Würmer, die im Boden leben, Spinnen, die ihre Netze in den Sträuchern weben, Füchse, die listig Hasen jagen, Fische, die im Meer schwimmen und Adler, die mit scharfen Blicken am Himmel fliegen. Viele Tiere besiedelten schließlich die Lüfte, das Meer und den Erdboden mit ihrem fröhlichen Gewimmel. Zeus war sehr zufrieden.

Prometheus hingegen begann sein Werk achtsamer und langsamer als sein Bruder. Aus Lehm formte er behutsam Tag um Tag Menschen. Er wusste, dass der Boden den göttlichen Samen enthielt. Die Menschen sollten ein Ebenbild der Gottheiten sein und ebenso aufrecht gehen können. Als er zufrieden mit seiner Arbeit war, hauchte er ihnen Leben ein.

Schon bald bevölkerten die Menschen in großer Anzahl die Erde. Doch sie taumelten durchs Leben und wussten nicht, wie sie die Dinge mit ihren Sinnen begreifen sollten. Als Prometheus dies bemerkte, unterwies er sie darin, Gebrauch von ihrem Verstand zu machen. Sie lernten, den Lauf der Sterne und Gezeiten zu bestimmen, Geschichten zu erzählen und Buchstaben zu erfinden, die Tiere zu unterwerfen und für ihre Zwecke einzuspannen. Bald verstanden sie es, Steine und Ziegel herzustellen, Holz zu fällen und feste Häuser zu errichten. Auch zeigte er ihnen, welche Schätze sich unter der Erde verbargen und sie entdeckten Erz, Silber und Gold. Das Feuer jedoch blieb ihnen verwehrt. Dies durften sie nur von einer der Gottheiten erhalten.

Zeus wurde schließlich auf die Menschen aufmerksam. Er wollte ihnen Schutz gewähren, wenn sie ihn und seine Familie verehrten. Bereitwillig nahmen die Menschen dieses Angebot an und schickten Prometheus, um ihre Opfergaben zu überbringen.

Prometheus liebte die Menschen wie eigene Kinder und wollte, dass sie die besten Teile der Opfertiere für sich behalten konnten. Er versteckte das nahrhafte Fleisch im Magen der Tiere und wickelte die Knochen in saftiges, dickes Fett und Innereien ein. Beides legte er auf zwei Haufen zu Zeus' Füßen und ließ ihn entscheiden, welcher davon zukünftig für die Gottheiten bestimmt sein sollte.

»Ich nehme diesen hier«, sprach Zeus und zeigte auf den größeren Stapel aus Knochen und Fett.

»So sei es, gütiger Zeus«, grinste Prometheus und eilte mit dem Op ferteil, in dem das gute Fleisch versteckt war, zu den Menschen zurück.

Als Zeus den Betrug entdeckte, brüllte er Prometheus wutend hinterher: »Niemals werde ich es zulassen, dass die Menschen die göttliche Gabe des Feuers erhalten. Sie sollen in der Dunkelheit leben!«

Und so fürchteten sich die Menschen ohne Licht und froren in den kühlen Nächten. Ohne Feuer konnten sie sich nicht weiterentwickeln. Was sollte Prometheus nur tun?

Verzweifelt beschloss er, sich über Zeus' Verbot hinwegzusetzen und den Menschen das Feuer selbst zu bringen. Er schnürte Stängel vom Riesenfenchel zu einem Bündel, streckte sich ganz weit hoch in den Himmel und entzündete das Bündel an der Sonne. Voller Freude eilte er mit der brennenden Fackel zu den Menschen.

Zeus jedoch hatte Prometheus seit der Übergabe der Opfertiere nicht mehr aus den Augen gelassen. Voller Wut verfolgte er, wie das Feuer die Menschen erreichte. Er brüllte so laut, dass sich dunkle Wolken um den Olymp zusammenballten, aus denen Blitze schossen.

»Das lasse ich mir nicht gefallen«, sprach er und donnerte mit der Faust auf die Armlehne seines Thrones.

»Hephaistoooooos«, brüllte er durch den Palast. Dieser blickte von seiner Arbeit an der Schmiede auf und seufzte. Gerne hätte er noch weiter

an dem kunstvollen Netz gearbeitet, das er gerade herstellen wollte. Er legte sein Werkzeug zur Seite und humpelte zu seinem Vater. Seit einem Sturz vom Olymp war sein linkes Bein nicht mehr richtig geheilt.

»Schmiede mir eine wunderschöne Jungfrau, die ich zu den Menschen schicken kann«, forderte Zeus.

Hephaistos entflammte die Glut seiner Schmiede zu einer heißen Flamme und erschuf mit seinen geschickten Händen Pandora, die bildschön und einfältig war. Die Göttin Athene bekleidete das Mädchen mit einem weißen Gewand, einem goldenen Gürtel und setzte ihr einen Blumenkranz auf das Haupt. Zeus gab ihr eine Büchse in die Hand, in der sie sonst ihren göttlichen Nektar aufbewahrten.

»Du darfst dieses Gefäß niemals öffnen«, warnte er sie eindringlich. Die Schöne nickte schüchtern.

Dann schickte Zeus Pandora zu Epimetheus. Prometheus' argloser Bruder verliebte sich sogleich in sie und nahm sie bei sich zu Hause auf. Er war ganz verzaubert von ihrer Schönheit und vergaß den Rat, den sein Bruder ihm einmal gegeben hatte: niemals ein Geschenk der Gottheiten anzunehmen, das würde nur Unglück bringen.

Pandora genoss die Bewunderung der Menschen und die ihres Mannes und vergaß darüber für einige Zeit das geheimnisvolle Gefäß, das ihr Zeus mitgegeben hatte. Schließlich fiel es ihr beim Aufräumen wieder in die Hände und sie überlegte, was sich wohl darin befinden könnte. Ein kurzer Blick nur, dachte sie, und hob den Deckel an.

Kaum war die Büchse geöffnet, sausten aus ihr Laster und Plagen und verbreiteten sich blitzschnell in der Welt: Hunger, Leid, Misstrauen, Lüge, Gier, Neid und viele mehr. Auch Krankheiten kamen zu den Menschen, ohne dass sie es bemerkten. Eine einzige gute Gabe blieb auf dem Boden der Büchse: die Hoffnung. Bevor diese auch entweichen konnte, schlug Pandora den Deckel schnell wieder zu und verschloss die Büchse. Zeus lachte zufrieden in seinen Bart. Seine Strafe für den Raub des Feuers war vollzogen.

Prometheus aber war starr vor Entsetzen darüber, was seinen geliebten Menschen angetan worden war. Vergeblich bat er Zeus um Gnade. Der

dachte gar nicht daran, sich erweichen zu lassen. Im Gegenteil: Sein Rachefeldzug war längst noch nicht zu Ende. Er ließ Prometheus in den entlegensten Teil der Welt bringen, in die Einöde des Kaukasusgebirges. Dort schmiedete Hephaistos ihn mit unlösbaren Ketten an einen Felsen und verdammte ihn so dazu, bis in alle Ewigkeit ohne Essen, Wasser und Schlaf auszuharren. Jeden Morgen fraß ein gieriger Adler von seiner Leber, und jede Nacht erneuerte diese sich aufgrund seiner Unsterblichkeit wieder.

Vergeblich beschwor er Wind und Wolken, Sonne und Flüsse, Zeus zu erweichen. Der Göttervater blieb unerbittlich. Viele Jahrhunderte dauerte Prometheus' Qual. Bis eines Tages der Held Herakles zu ihm kam und den Adler tötete.

DIE GEBURT VON ATHENE

In all den Jahren des großen Krieges hatte Zeus nie vergessen, wie Metis ihm mit ihrem Zaubertrank geholfen hatte, seine Geschwister zu befreien. Sobald er an die schöne Meeresgöttin mit ihren schimmernden, langen Haaren dachte, schlug sein Herz einen Trommelschlag schneller und ein seliges Lächeln legte sich auf sein Gesicht. Seine Brüder grinsten ihn augenzwinkernd an und knufften ihn in die Seite, während seine Schwester Hera mit verkniffenen Augen vor sich hin starrte, wenn Metis zur Sprache kam. Sie schien ein wenig eifersüchtig. Und auch wenn Zeus Hera mochte, konnte er nicht umhin, Metis ihr vorzuziehen. Er musste sie finden!

Frohlockend stieg er hinab zum Ufer des ägäischen Meeres und rief ihren Namen. Metis erschien, hielt jedoch einige Meter Abstand. Die Art, wie Zeus sie herbeigelockt hatte, löste Misstrauen bei ihr aus. Gleichzeitig wollte sie den Herrscher aller Gottheiten nicht ignorieren.

»Hier bin ich«, antwortete sie ihm aus sicherer Entfernung.

Zeus' Herz hämmerte im Takt von 1000 Pferden, so lieblich sah sie im sanften Abendlicht aus. Er musste sie unbedingt haben.

»Ich habe weder deinen klugen Rat noch dein schönes Aussehen vergessen«, säuselte er und kam ihr langsam näher. »Als Dank will ich dich zur Herrscherin an meiner Seite machen. Ich liebe dich, du süßes Geschöpf!«

Metis lachte. Das war also seine Absicht.

»Fang mich, wenn du kannst«, rief sie und verwandelte sich in ein Reh. Mit schnellen und leichten Hufen eilte sie durch den naheliegenden Wald aus Zypressen und Kiefern.

Zeus' Jagdfieber war geweckt. Er verwandelte sich in einen Hirsch, um dem schönen Reh nachzustellen. Als sie ins Dickicht des Waldes kam, nahm Metis die Gestalt einer Katze an und schlängelte sich zwischen den Büschen hindurch. Zeus hetzte ihr als Hund hinterher. So ging das Spiel eine Weile. Metis verwandelte sich in alle möglichen Tiere und Zeus jagte ihr hinterher: als Kuh, Schaf, Biene, Libelle und Fliege. Schließlich gab sie erschöpft auf. Unter einer großen Eiche an einem Bach verwandelte sie sich in ihre göttliche Gestalt zurück. Hier empfing sie Zeus.

»Wenn ich dir nicht entkommen kann, so will ich mit dir gehen«, sagte sie und ließ sich von ihm zum Olymp führen, wo er sie zur Frau nahm.

Schon bald wurde sie von ihm schwanger und Zeus verbreitete die frohe Nachricht im ganzen Palast. Am Morgen darauf kam Gaia, seine Großmutter, zu ihm.

»Ich hatte eine Vision«, sagte sie. »Metis wird einen besonderen Sohn zur Welt bringen, der die Kraft in sich trägt, noch mächtiger und weiser zu werden als du. So wie du deinen Vater und er vor dir seinen Vater vom Thron stürzte, kann auch dein Sohn dich zu Fall bringen. Das ist das Schicksal unserer Familie.«

Zeus liebte Metis. Doch diese Prophezeiung bereitete ihm große Sorge. Er sah die ganze neue Ordnung, die er erschaffen hatte, in Gefahr. Weder wollte er seine Macht verlieren noch einen neuen Krieg heraufbeschwören.

Traurig stellte er sich in der Nacht an Metis' Bett und blickte auf seine schlafende Frau herab. Mit einem Seufzen ergriff er sie, öffnete seinen Mund zu einem großen Schlund und schluckte sie herunter.

Bitterlich weinte er um seine Frau und das ungeborene Kind, dass er so getötet hatte. Hera bemerkte seine Traurigkeit und versuchte, ihn zu trösten. Zeus gefiel die Aufmerksamkeit seiner schönen Schwester, das Lächeln, das sie ihm schenkte, das Wiegen ihrer Hüfte, die er so gern umfasste. Nach einer Weile vergaß er Metis und nahm Hera zu seiner Frau. Sie sollte mit ihm über den Olymp herrschen.

Metis jedoch war nicht gestorben, sondern hatte sich in seinen Gedärmen versteckt. Dort schmiedete sie fleißig an einer Rüstung für ihr

Kind. Als sie merkte, dass die Zeit der Geburt näher rückte, wanderte sie in Zeus' Kopf. Dort brachte sie eine Tochter zur Welt, die rasend schnell zur Frau heranwuchs.

Zeus bekam unerträgliche Kopfschmerzen, so eng war es in seinem Schädel geworden. Er brüllte und klagte und rief schließlich nach Hephaistos.

»Ich halte diese Schmerzen nicht mehr aus«, jammerte er. »Nimm deine Axt und spalte meinen Kopf. Sieh nach, was diesen Schmerz verursacht!«

Hephaistos schwang seine gewaltige Doppelaxt und ließ sie auf den Schädel seines Vaters herabsausen. Ein großer Spalt öffnete sich und ein goldener Lichtstrahl schoss daraus hervor, der alle blendete. Mit lautem Kriegsgeschrei sprang die Göttin Athene hervor und stand in voller Rüstung vor den verdutzten Gottheiten, die sich um Zeus versammelt hatten. Metis nutze die allgemeine Aufregung, kroch leise aus dem Spalt heraus und verschwand unbemerkt vom Olymp.

Mit offenem Mund starrte Zeus seine schöne und leidenschaftliche Tochter an, die ihr goldenes Schild und den goldenen Speer kampfbereit in seine Richtung schwang. Dann lächelte er.

»Eine Tochter«, seufzte er erleichtert. Mit offenen Armen ging er auf sie zu. »Herzlich willkommen!«

Athene ließ den Blick ihrer eulenartigen und weisen Augen lange auf Zeus ruhen. Dann senkte sie Schild und Speer.

»Vater«, sprach sie und lächelte.

Seit diesem Tag erzählte Zeus stolz davon, wie er diese mutige und weise Tochter, sein Lieblingskind, selbst geboren hatte. Wie er die schwangere Metis zuvor verschlungen hatte, verschwieg er lieber. Und diese war klug genug, sich niemals mehr auf dem Olymp blicken zu lassen.

DIE ENTFÜHRUNG PERSEPHONES

Nach dem Ende des Krieges hatte Zeus seine beiden Brüder Poseidon und Hades zu sich gerufen.

»Es ist Zeit, Ordnung in diese Welt zu bringen. Jeweils einer von uns soll über den Himmel, die Meere und die Unterwelt herrschen. Lasst uns per Los entscheiden, wer für was zuständig ist.«

Poseidon war so zum Gebieter der Meere, Zeus zum Herrscher des Himmels und Hades zum Fürsten der Unterwelt geworden.

Tief in der dunklen Erde baute sich Hades einen goldenen Palast. Das ausgelassene und frivole Treiben hoch oben auf dem Olymp war ihm zuwider. Er liebte die stille Dunkelheit und wanderte gerne auf den Wiesen der elysischen Felder und freute sich am Duft der Rosen, die dort wuchsen oder hielt sich im Garten auf, wo er viele Granatapfelbäume hatte pflanzen lassen.

Dennoch fühlte er sich ein wenig einsam. Keine der schönen Göttinnen wollte zu ihm in sein düsteres Reich kommen und die Menschen wandten die Gesichter von ihm ab, wenn sie ihn sahen. Sie verehrten ihn nicht, denn sie liebten das Leben und der Tod war etwas, über das sie nicht reden wollten.

Eines Tages rührte sich Typhon, der vielköpfige Drache, den Zeus unter dem Ätna begraben hatte, und versuchte, die Last des großen Berges abzuwerfen. Es gelang ihm nicht. Doch durch sein wütendes Schnauben öffnete sich ein Spalt im Boden. Besorgt um die heilige Erde spannte Hades vier schwarze Pferde vor seinen Streitwagen und eilte an die Oberfläche, um nach dem Schaden zu sehen.

An den Hängen des Vulkans wanderte Demeters und Zeus‘ Tochter Persephone und pflückte Blumen. Sie wurde von ihrer fürsorglichen und liebenden Mutter in der Abgeschiedenheit Siziliens großgezogen. Wenn Persephone lachte, sprangen die Knospen der Blumen vor Glück auf und schauten nach der schönen Tochter des Himmelskönigs.

Ein Strauß voll Narzissen lag in ihrem Arm, als Hades sie erblickte. Er verliebte sich sofort in das Mädchen, das so heiter und ganz in sich versunken Blumen pflückte. Mit einem Peitschenhieb trieb er die Pferde an, raste auf Persephone zu, schnappte sie sich aus laufender Fahrt, zog sie auf seinen Wagen und verschwand durch den Spalt in der Erde, die sich hinter ihm schloss.

Als es Abend wurde und Persephone nicht heimgekommen war, sorgte sich Demeter um ihr Kind. Sie suchte auf der ganzen Insel nach ihrer Tochter, fand jedoch keine Spur von ihr und niemand konnte ihr sagen, wo sie hingegangen war.

Verzweifelt wanderte sie durch alle Länder der Erde und hoffte darauf, eine Nachricht von Persephone zu erhalten.

Ihr weißes, strahlendes Gewand wurde mit jedem Tag, an dem ihre Suche erfolglos blieb, dunkler, bis es vor Trauer so schwarz wie die Nacht war. Ihr Gesicht wurde verhärmt und alt und ihre Augen blickten trüb unter den verquollenen Lidern. In ihrer großen Traurigkeit konnte sie sich nicht mehr darum kümmern, dass die Ernte ertragreich war. Das Getreide verdorrte auf dem Acker und die Kühe gebaren keine Kälber mehr. Die Menschen begannen zu hungern.

Nach monatelanger erfolgloser Wanderung setzte sie sich auf einen Felsen in Attika und weinte tagelang. Dort fanden sie die Töchter des Königs und waren berührt vom Kummer der alten Frau. Ihre Mutter Metaneira hatte gerade einen Sohn geboren und sie suchten nach einer Amme, die sich um das kranke Kind kümmern konnte.

»Komm mit uns«, sagten sie. »Unsere Mutter wird dich bei uns aufnehmen und für dich sorgen.«

Als sie im Palast ankamen, erkannte Metaneira Demeters königliche Haltung sogleich, begrüßte sie respektvoll und reichte ihr Speisen und Getränke, als ob sie ein hochgeschätzter Gast wäre. Demeter lehnte traurig ab, bemerkte aber das kranke Kind in den Armen der Königin. Ihr Mutterherz rührte sich und sie bot an, sich um den Sohn zu kümmern. Dankbar reichte ihr die Königin das Kind.

»Ich werde mich um ihn kümmern, als wäre er mein eigener Sohn«, versprach Demeter.

Gottgleich wuchs das Kind unter ihrer Pflege heran. Sie flößte ihm Ambrosia ein, die Speise der Gottheiten, und bald schon war aus dem kranken Kind ein kräftiger Junge geworden. Jede Nacht umhüllte Demeter ihn mit ihrem göttlichen Feuer, um ihn unsterblich zu machen.

Eine Weile widmete sie sich dieser neuen Aufgabe. Bis Metaneira eines Nachts sah, wie Demeter ihren Sohn in den Flammen hielt. Sie schrie auf.

»Mein Sohn wird durch die Alte verbrannt!«

Der ganze Palast wurde in Aufruhr versetzt und Demeter löschte die Flammen.

»Wie unwissend du doch bist«, sagte sie zornig. »Weder das Gute noch das Schlechte seht ihr Menschen voraus und Göttlichkeit könnt ihr nicht erkennen. Ich bin Demeter, die Göttin der Fruchtbarkeit, die euch großen Segen spendet. Deinen Sohn hätte ich unsterblich gemacht. Deine Angst und dein Zweifel haben es verhindert.«

Sie verwandelte sich vor allen Augen in ihre große und strahlende Gestalt zurück. Geblendet vom Licht schlossen die Höflinge seufzend die Augen und warfen sich demütig zu Boden. Demeter verließ Attika und man baute ihr zu Ehren einen großen Tempel.

Ihre Trauer war noch immer nicht verflogen und die Felder waren so verdorrt, dass dort nichts mehr wuchs. Die Menschen starben an Hunger und konnten den Gottheiten nichts mehr opfern.

Helios, der Gott der Sonne, bemerkte schließlich Demeters Leid. Tag um Tag zog er mit seinem vierspännigen Sonnenwagen um die Welt und hatte alles im Blick.

»Was macht dich so traurig, dass du alles verkümmern lässt? Die Menschen leiden und opfern uns nichts mehr«, sagte er.

»Ach, Helios", seufzte Demeter. »Meine Tochter Persephone ist verschwunden und ich kann sie nicht finden. Mein Herz ist gebrochen.«

Helios überlegte.

»Ich glaube ich weiß, was mit ihr geschehen sein könnte«, sagte er. »Ich habe Hades gesehen, wie er mit einer schönen, jungen Frau im Erdreich verschwand. Sie hatte Blumen am Ätna gepflückt.«

»Das war sie!«, rief Demeter aufgeregt. Ihre Miene verfinsterte sich. »Dieser Schurke!«, flüsterte sie.

Wütend machte sie sich auf den Weg in die Unterwelt. Sie schäumte so sehr, dass der Fährmann Charon sich nicht traute, ihr eine Münze für die Überfahrt abzunehmen, und der Höllenhund Kerberos sich winselnd duckte, als er sie sah.

Als sie am Palast ankam rief sie laut: »Bruder, gib meine Tochter heraus!«

Aber nichts geschah. Sie brüllte erneut und immer wieder. So lange, bis Hades erschien. Dunkelheit umwölkte sein Gesicht und eine entschlossene Finsternis lag in seinen Augen.

»Nein«, sagte er kalt. »Deine Tochter ist nun meine Frau und Königin der Unterwelt. Sie bleibt bei mir.«

»Dann soll Zeus entscheiden«, sagte sie zornig und stampfte so kräftig mit dem Fuß, dass die Granatäpfel von den Bäumen fielen.

Sie eilte zu ihrem Bruder im Olymp und trug ihm ihre Anklage vor.

»Hades hat meine Tochter entführt und unrechtmäßig zur Frau genommen. Ich will sie zurückhaben!«, ereiferte sie sich.

Zeus zauderte. Er wollte seinen mächtigen Bruder nicht verärgern. Also legte Demeter nach.

»Kein Feld oder Baum soll Früchte tragen und kein Tier Junge gebären, bis meine Tochter wieder bei mir ist!«, drohte sie.

Zeus seufzte. Ihm wurde klar, dass Demeter nicht nachgeben würde.

»Sie soll zu dir zurückkehren«, lenkte er schließlich ein. »Vorausgesetzt, sie hat in der Unterwelt noch keine Nahrung zu sich genommen. Denn wer von den Speisen der Toten gegessen hat, darf nicht zu den Lebenden zurückkehren. So ist das Gesetz.«

Gemeinsam mit dem Götterboten Hermes eilte Demeter zurück in die Unterwelt, um Hades die Botschaft zu überbringen.

Persephone war in all der langen Zeit traurig durch die Unterwelt gewandert. Sie vermisste ihre Mutter, das Sonnenlicht und all die wunderschönen Blumen auf den Wiesen. Oben auf der Erde war alles so leicht und fröhlich. Unten in der Dunkelheit empfand sie Schwere und Melancholie. Sie wusste, dass sie nichts essen durfte, wenn sie das Tageslicht jemals wieder sehen wollte. Daher lehnte sie alle Speisen und Getränke ab, die Hades ihr anbot. Sie schätze es sehr, dass er sie zu nichts zwang.

Eines Tages wanderte sie durch den Obstgarten und sah einen Granatapfel vor sich liegen. Ihr Hunger war mittlerweile sehr groß geworden.

Nur ein paar Kerne, dachte sie. Das wird nicht schaden. Sie blickte sich um, der Garten schien leer. Schnell griff sie nach dem Apfel und aß genussvoll vier Kerne.

Einige Zeit später rief Hades nach ihr und sie eilte zu ihm. Freudig erkannte sie neben ihm ihre Mutter und flog in ihre Arme.

»Ich hole dich von hier fort«, sagte Demeter und drückte ihre Tochter fest an ihre Brust. »Wichtig ist nur, dass du hier nichts gegessen hast.«

»Ich habe weder Essen noch Getränke angenommen«, antwortete Persephone. Hades nickte bestätigend.

Demeter seufzte erleichtert. »Dann ist es jetzt Zeit zu gehen!«

Sie nahm Persephone an die Hand und wollte gerade aufbrechen, als eine Stimme von hinten ertönte: »Sie lügt!«

Es war der Gärtner Askalaphos, der sie unbemerkt beobachtet hatte. »Sie hat von einem Granatapfel genascht!«

Demeter erstarrte. »Stimmt das?«, fragte sie ihre Tochter.

Persephone begann zu weinen. Unter Tränen gab sie zu, vier Kerne verspeist zu haben.

Hades grinste erleichtert, denn nun musste Persephone bei ihm bleiben.

»Das letzte Wort ist noch nicht gesprochen«, zischte Demeter. Sie würde nicht nachgeben und hatte Zeus in der Hand.

Was sollte dieser aber tun? Er brauchte eine Lösung, die das Gesetz nicht brechen und beiden Seiten gerecht würde.

So entschied er schließlich, dass Persephone vier Monate im Jahr in der Unterwelt bleiben musste und für die restliche Zeit bei ihrer Mutter verweilen durfte. Beide Seiten akzeptieren das Urteil.

Seitdem erblühte die Welt, wenn Persephone bei ihrer Mutter war. Das erste Grün im Frühling kündigte ihre Rückkehr an. Das Getreide wuchs und die Bäume trugen Früchte. Sobald Persephone in die Unterwelt zurückkehrte, trauerte Demeter, so dass die Blätter welkten und von den Bäumen fielen. Der Boden wurde hart und kalt bis sie die geliebte Tochter wieder in die Arme nehmen konnte.

ARTEMIS UND APOLLON

Schützend legte Leto die Hände auf ihren runden Bauch und fühlte das Leben darin. Sie spürte, wie vier Füßchen gegen ihre Bauchwand trampelten und lächelte. Doch sie musste weiter, durfte hier nicht ausruhen, obwohl sie mittlerweile unglaublich müde war. Verzweiflung trieb ihr Tränen in die Augen. Hera hatte die Erde verflucht, damit sie keinen Platz für die Geburt fand. An keinem Ort, der mit der Erde verbunden war, sollte sie sich niederlassen. Denn es waren die Kinder von Zeus, die Leto in sich trug, und auf die Hera eifersüchtig war. Gaia hatte prophezeit, dass sie größer und mächtiger würden als ihre eigenen Kinder mit dem Herrscher des Olymp.

Die Menschen fürchteten Heras Zorn und gewährten Leto keine Unterkunft. Sobald sie erschien, schlossen sie die Türen ihrer Hütten und wandten sich von ihr ab. Zu allem Übel hatte Hera auch noch dem Drachen Python befohlen, Leto aufzuspüren und zu töten. Den Fluch seiner Frau konnte Zeus zwar nicht aufheben, doch hatte er dafür gesorgt, dass der Drache sie nicht finden konnte.

Leto zuckte zusammen, als sie hinter sich ein Geräusch vernahm. Ein Wolf blickte sie an. Seine Augen funkelten golden und sie erkannte darin Zeus' göttliches Licht. Das Tier nickte ihr zu und wandte sich um. Leto verstand und folgte ihm bis zur Küste des ägäischen Meeres. Wie ein Floß schwamm dort auf dem Meer eine Insel, die sich langsam dem Ufer näherte. Sobald sie nahe genug war, watete Leto durch das Wasser auf sie zu. Der Wolf verabschiedete sich mit einem lauten Heulen und verschwand im Gebüsch.

Auf der Insel, die den Namen Delos trug, wurde Leto freundlich aufgenommen. Da es nicht mit der Erde verbunden war, hatte Hera keine

Macht über das Eiland. Sobald es sich wieder ein Stück vom Land entfernt hatte, schossen große Felssäulen empor. Poseidon hatte die Insel auf dem Meeresboden verankert.

Leto merkte, dass die Geburt kurz bevorstand. Sie lehnte sich an einen Ölbaum und gebar ihre Tochter Artemis. Erleichtert hielt sie das schreiende Kind im Arm. Dann durchfuhr sie erneut ein stechender Schmerz, und sie krümmte sich unter Krämpfen. Das zweite Kind wollte auf die Welt. Hera aber hatte Artemis' kräftige Schreie gehört und ihrer Tochter Eileithia, der Göttin der Geburt, vor Wut schäumend untersagt, Leto zu helfen. So wand sie sich mehrere Tage vor Schmerzen und konnte das zweite Kind nicht zur Welt bringen.

Die Gottheiten sahen, wie Leto schier zerplatzte, da das Kind in ihr immer größer wurde. Sie hatten Mitleid mit der schönen Titanentochter und beauftragten Hephaistos, ein kunstvolles Halsband anzufertigen, mit dem sie Eileithia überreden konnten, Leto doch bei der Geburt beizustehen. Außerdem schickten sie die Kureten nach Delos. Die neun Dämonen umtanzten Leto und verursachten mit ihren Waffen und Gesängen einen so großen Lärm, dass Hera die Geburtsschreie nicht hören konnte. So kam endlich Artemis' Zwillingsbruder Apollon zur Welt.

Die Göttin Themis kam zur Insel und nährte beide Kinder mit Ambrosia, dem göttlichen Nektar. So wuchsen Artemis und Apollon schnell und waren nach wenigen Tagen bereits erwachsen.

Goldene Locken umrahmten Apollons Gesicht und er strahlte wie Sonnenlicht. Wer ihn sah, verliebte sich sofort in den schönen Gott mit dem athletischen Körper und den geheimnisvoll funkelnden Augen. Begegneten ihm kranke Menschen oder Tiere, dann heilte er sie. Wer ihn jedoch verärgerte, den strafte er mit Gebrechen.

Genau wie ihr Bruder war Artemis eine Schönheit. Sie leuchtete wie das silberne Mondlicht und eine ungezähmte Wildheit blitze in ihren Augen.

Die Kyklopen hatten die Geschichte von der Geburt der göttlichen Zwillinge gehört und kamen zur Insel, um ihnen Waffen zu schenken,

die sie hergestellt hatten. Artemis übergaben sie Pfeil und Bogen aus Silber, Apollon aus Gold. Gerne maßen sich beide im Bogenschießen. Ihre Pfeile trafen das anvisierte Ziel stets sicher. Da Artemis die schwere Geburt ihres Bruders Apollon hatte mit ansehen müssen, beschloss sie für immer Jungfrau zu bleiben und anderen Frauen bei der Geburt zu helfen. Sie streifte gerne durch die Wälder und herrschte über die heimischen Tiere. Insbesondere die Hirschkuh war ihr heilig.

Schon bald wurde es Zeit, die Insel zu verlassen. Leto erzählte ihren Kindern von ihrer Flucht vor Hera und dem Drachen Python und wie die Menschen ihr eine sichere Unterkunft verwehrt hatten. Die Geschwister schauten sich entschlossen an.

»Wir werden jedes Land aufsuchen, dass dir keinen Schutz gewährt hat, und über die Menschen dort richten«, versprach Apollon seiner Mutter. »Zunächst aber erledige ich den Drachen Python, damit du vor ihm sicher bist.«

Er machte sich auf, den Drachen zu suchen, und fand ihn in einer Höhle bei Delphi. Mit seinen goldenen Pfeilen tötete er Python. Als er starb, übertrug sich seine Gabe der Weissagung auf Apollon und das Blut des hellseherischen Drachen durchtränkte den Boden und verlieh dem Ort besondere Kräfte.

Apollon kehrte zu seiner Mutter zurück und blickte mit verschleierten Augen zum Olymp empor.

»Du wirst auf den Olymp zurückkehren, Mutter. Ich habe gesehen, dass Hera ihre Eifersucht vergessen wird.«

Leto drückte ihren Sohn dankbar an die Brust. Endlich gab es für sie Hoffnung nach der langen Zeit.

Apollon erklärte Delphi zu seinem Heiligtum und wies die Menschen dort an, einen Tempel für ihn zu bauen. Die Priesterinnen atmeten die Kraft des Ortes ein und gaben fortan die Worte Apollons wieder, wenn sie nach der Zukunft befragt wurden.

HERMES, DER CLEVERE

Maia, eine der sieben Töchter des Titanen Atlas, lebte zurückgezogen in einer Höhle im Berg Kyllene, der sich in Arkadien befand. Obwohl sie außergewöhnlich schön war, hatte sie ein scheues Wesen. Sie liebte die Einsamkeit der Bergwelt, fern von den Menschen und Gottheiten. Gemeinsam mit ihren Schwestern gehörte sie zu den Plejaden, weiblichen Naturgeistern, die in der Nähe von Bergen, Bäumen, Wiesen, Flüssen oder Grotten zu finden waren.

Auf einer seiner Wanderungen über die Erde sah Zeus Maia vor ihrer Höhle stehen und verliebte sich auf Anhieb in das anmutige und zarte Wesen. Ihr langes, lockiges Haar floss bis auf den Boden. Maias scheue Art entfachte seinen Beschützerinstinkt und er wollte sie unbedingt in seinen Armen halten.

In der Nacht, als seine Frau Hera schlief, schlich sich Zeus zurück zur Höhle und verführte Maia. Es folgte Nacht um Nacht, die schließlich nicht ohne Folgen blieben. Maia wurde schwanger und gebar in ihrer Höhle einen Jungen. Sie gab ihm den Namen Hermes.

Kaum hatte Hermes die Augen geöffnet und mit wenigen Blicken die karge Ausstattung seiner Umgebung betrachtet, da langweilte er sich schon. Er krabbelte aus seiner Wiege und verließ die Höhle. Auf seiner Erkundungstour entdeckte er eine Schildkröte. Er hob sie hoch und betrachtete sie gedankenverloren.

»Ich weiß was«, krähte er und tötete das arme Tier. Er befreite es von seinem Panzer und bespannte diesen mit Ochsenhaut. An den Seiten befestigte er zwei Ziegenhörner mit einem Querbalken dazwischen. Dann zog er sieben Saiten aus Schafsdarm zwischen Panzer und Querbalken auf und baute damit die erste Lyra. Begeistert zupfte er die Saiten und krähte frivole Lieder über Zeus und seine Mutter.

Nach einer Weile wurde er auf seiner Entdeckungsreise hungrig. Seine

Wanderung hatte ihn bis nach Pieria gebracht, wo die Rinder von Apollon weideten. Es waren große und stämmige Tiere mit schwarzem, glänzendem Fell. Hermes wollte fünfzig von ihnen von der Herde trennen. Damit die Hufspuren der Tiere ihn nicht verrieten, ließ er sie rückwärtsgehen. So sah es aus, als ob sie von der anderen Seite gekommen wären. Unter seine Füße band er Myrtenzweige, um seine eigenen Spuren zu verwischen.

Er tötete zwei der Tiere, zerteilte sie, um einen Teil den Gottheiten zu opfern und den anderen Teil selbst zu essen. Den Rest versteckte er in einer Höhle bei Pylos.

Satt und zufrieden legte er sich nach dieser aufregenden Nacht in seine Wiege zurück.

Am nächsten Tag entdeckte Apollon den Diebstahl und tobte vor Zorn. Die Spuren waren so verwirrend, dass er nicht herausfinden konnte, wohin seine Rinder verschwunden waren, und wer dahintersteckte. Er suchte im ganzen Land und versprach jedem eine Belohnung, der ihm einen Hinweis gab. Niemand konnte ihm helfen. Schließlich befragte er einen Orakelvogel, der ihn zu einer Höhle in Pylos schickte. Er fand die Rinder nicht, da ihre Spuren aus der Höhle herauskamen und er den Trick immer noch nicht durchschaut hatte.

Aus einer nahegelegenen anderen Höhle vernahm er Geräusche. Er ging hinein, um deren Bewohner zu befragen, und traf auf Hermes, der in seiner Wiege lag. Apollons Blick fiel auf zwei Rinderhäute, die aufgespannt in der Ecke hingen.

»Du warst das. Du hast meine Rinder gestohlen«, rief er zornig.

»Rinder, was sind Rinder? Ich bin doch nur ein Baby und kenne so etwas noch nicht.« Mit großen blauen Kulleraugen schaute Hermes seinen Halbbruder an.

Maia hörte den Streit und eilte herbei.

»Wie kannst du ein Baby beschuldigen, ein Dieb zu sein?«, fuhr sie Apollon an. »Er liegt noch in der Wiege und ist gerade erst geboren!«

»Von wegen«, wütete Apollon weiter. »Die Rinderfelle sind der Beweis.

Ich glaube ihm kein Wort. Gott der Säuglinge in der Unterwelt sollst du werden, wenn du nicht endlich gestehst!«

Doch Hermes leugnete weiter und klammerte sich hilfesuchend an seine Mutter.

»Dann soll Zeus entscheiden«, donnerte Apollon mit lauter Stimme.

Zeus vernahm seinen Namen und erschien in der Höhle. Geduldig hörte er sich beide Seiten an. Mit seinen allwissenden Augen durchbohrte er den jungen Hermes, der schließlich den Blick senkte und errötete.

»Zeig uns, wo du sie versteckt hast«, forderte Zeus ihn auf.

Gemeinsam liefen sie zur ersten Höhle, wo die Rinder friedlich nebeneinanderstanden.

Als Apollon sich auf ihn stürzen wollte, um ihn für den Diebstahl zu strafen, griff Hermes zur Lyra und sang ein so schönes Lied, dass Apollon verzaubert der Musik lauschte und darüber seinen Ärger vergaß.

»Du kannst die Rinder behalten, wenn du mir dafür das wunderschöne Instrument überlässt. Dann ist alles zwischen uns vergessen!«

Hermes willigte fröhlich ein und nun konnte auch Apollon über den gewitzten kleinen Kerl lachen. Das war der Anfang einer langen göttlichen Freundschaft. Der schlaue kleine Sohn gefiel Zeus und er machte ihn zu seinem Götterboten. In der Kleidung der Reisenden, einem kurzen Umhang, breitkrempigem Hut und geflügelten Sandalen eilte Hermes von da an in Sachen der Liebe und der Diplomatie zwischen Himmel, Erde und Unterwelt hin und her.

WETTSTREIT UM ATHEN

Eine der Städte Attikas hatte sich zu einem großen und mächtigen Stadtstaat entwickelt. Sie lag nicht weit vom Meer, so dass die Menschen einen Hafen hatten bauen können. Von dort segelten sie über das gesamte Mittelmeer und brachten im Tausch mit ihren kunstvoll gestalteten Amphoren Getreide, Elfenbein, Wolle, Fisch, Holz und Papyrus ins Land.

Bald schon wurden die Gottheiten auf die Stadt aufmerksam. Sowohl Poseidon als auch Athene wollten ihre Gunst gewinnen, denn sie wussten, dass sie damit die Vorherrschaft in Attika hätten. Sie stritten erbittert miteinander. Poseidon rechtfertigte seinen Hoheitsanspruch mit der Lage am Meer. Athene konterte, die Bewohnerschaft könnte ihren Wohlstand nur durch ihren klugen und weisen Rat sicherstellen. Keiner wollte nachgeben. Da sie sich nicht einigen konnten, baten sie Zeus, zu entscheiden, wer Schutzgebietender über die Stadt werden sollte.

Er hörte sich ihre Argumente an und strich mit den Fingern nachdenklich durch den lockigen Bart.

»Wir werden einen fairen Wettkampf austragen«, sagte er schließlich. »Wer von euch den Menschen dieser Stadt das nützlichste Geschenk macht, der soll ihre Gunst erhalten. Die Menschen sollen selbst entscheiden, welches die beste Gabe ist!«

Sogleich machten sich beide auf den Weg nach Attika.

Poseidon sah, dass die Umgebung rund um die Stadt sehr trocken war.

»Ich mache den Anfang«, rief er triumphierend. Er schwang seinen mächtigen Dreizack und stieß ihn auf den Boden.

Die Erde bebte und donnerte bis sich ein Spalt auftat und eine Quelle entsprang. Erstaunt und dankbar strömten die Menschen zum Wasser.

Einen Bewässerungsbrunnen hatten sie sich schon lange gewünscht. Freudig schöpften sie das Wasser in ihre Behälter, tranken davon – und spuckten es entsetzt wieder aus. Das Wasser war salzig und unbrauchbar.

»Sieh her, Poseidon«, rief Athene lachend und stieß ihre Lanze in den Boden. Die Erde bebte und rumpelte erneut und ließ schließlich einen Olivenbaum emporwachsen. Die Früchte des Baumes schmeckten den Menschen und sie fanden in der sengenden Hitze des Tages Schatten unter seinen Ästen. Außerdem hatten sie nun das ideale Holz, um langlebige Gegenstände herstellen zu können.

Einstimmig entschieden sie sich für die Göttin und gaben ihr zu Ehren der Stadt den Namen Athen.

HEPHAISTOS' LIST

Hephaistos liebte die Hitze des Feuers. Die schönen Flammen spornten ihn an, Gegenstände von außergewöhnlicher Schönheit zu erschaffen. Der Schmiedehammer in seiner Hand ließ Feuer, Metall, und göttliche Kraft magisch miteinander verschmelzen.

Versunken in seine Arbeit vergaß er sogar den angewiderten Ausdruck im Gesicht seiner Mutter Hera, als sie ihn kurz nach der Geburt vom Olymp geworfen hatte. Er war kleiner als die anderen Gottheiten. Die Brust dunkel behaart und die Füße verkrümmt. In der Nähe der Insel Lemnos war er ins Meer gefallen und von zwei Meeresnymphen gerettet und zu den Menschen gebracht worden.

Bei ihnen hatte er das Schmieden gelernt und zur Perfektion gebracht. Er hatte sich einen Palast um eine große Schmiede gebaut und unterwies die Menschen nun selbst in dieser Kunst. Jeder wollte beim großen Meister lernen und schon bald hatte die Insel Lemnos den Ruf, die besten und berühmtesten Metallhandwerker Griechenlands zu beherbergen.

Wenn Hephaistos zufrieden war mit seiner Arbeit, das Feuer in der Schmiede löschte und die Werkstatt verließ, erinnerte ihn sein lahmendes Bein an die grausame Tat seiner Mutter. Es war nach dem Sturz nicht mehr richtig geheilt.

Eines Abends eilte ihm ein aufgeregter Diener entgegen, als er die Werkstatt hinter sich zuschloss.

»Hermes, der Bote von Zeus, steht vor deiner Tür und will dich sprechen«, berichtete er eifrig.

Hephaistos zog seine buschigen Augenbrauen erstaunt nach oben. Dann lächelte er. Waren die Olympier endlich auf ihn aufmerksam geworden?

»Zeus hat von deinen außergewöhnlichen Fähigkeiten gehört. Er benötigt Thronsitze für sich und seine Frau Hera. Sein Wunsch ist es, dass du sie anfertigst«, überbrachte Hermes die Nachricht des Vaters.

»Ich werde einen ganz außergewöhnlichen Thronsitz erschaffen, das kannst du ihm ankündigen«, antwortete Hephaistos und kehrte sogleich zu seiner Schmiede zurück. Die Flammen schlugen bis in den Himmel, als er die Glut mit seinem Atem entfachte. Viele Tage arbeitete er an dem ersten Thronsitz. Die Funken flogen und sein Hammer summte ein magisches Lied. Lächelnd stand er schließlich vor dem fertigen Sitz aus Gold.

»Der ist für dich, Mutter«, sprach er und streichelte liebevoll über die kunstvollen Verzierungen, mit denen er den Thron versehen hatte.

Hera war entzückt, als ihr Thronsitz in der großen Halle für sie aufgestellt wurde. So eine ausgezeichnete Handwerkskunst hatte sie bisher noch nicht gesehen.

Erhaben glitt sie auf den Sitz und lächelte auf die versammelten Gottheiten herab. Ein würdiger Thron für die Königin.

Kaum hatte sie sich jedoch gesetzt, schossen magische goldene Seile aus dem Sitz und fesselten sie. So sehr Hera auch an ihnen zerrte, sie konnte nicht mehr aufstehen. Selbst die Kraft aller Gottheiten auf dem Olymp konnte sie nicht aus dem Sitz befreien.

Zeus schwankte zwischen Belustigung und Wut. Er war nie glücklich darüber gewesen, dass Hera ihren gemeinsamen Sohn vom Olymp verbannt hatte. Insgeheim hatte er gehofft, die beiden durch diesen Auftrag zu versöhnen.

Er schickte Dionysos nach Lemnos, um Hephaistos zur Rückkehr auf den Olymp zu bewegen, damit er Hera befreite.

»Niemals kehre ich auf den Olymp zurück«, antwortete Hephaistos, der seiner Mutter nicht verzeihen konnte.

So blieb Dionysos nichts übrig, als Hephaistos ein wenig gefügig zu machen. Er kannte das Geheimnis der Weinreben, aus deren Trauben er einen Saft herstellte, der gut schmeckte und einen angenehmen Rauschzustand hervorrief. Einen Becher nach dem anderen füllte er Hephaistos und erzählte ihm in schillernden Farben, wie Hera sich auf dem Thron gewunden und vor Schreck geschrien hatte. Schließlich schlief Hephaistos berauscht und selig grinsend ein. Dionysos warf ihn über die Schulter und brachte ihn zum Olymp.

»Hera mag die Strafe aus deiner Sicht verdient haben«, sprach Zeus zu ihm als er aufgewacht war. »Doch nun ist es genug. Bitte befreie deine Mutter und lebe mit uns auf dem Olymp.«

»Ich werde sie befreien«, antwortete ihm Hephaistos. »Doch nur, wenn ich eine Göttin heiraten darf. Ich will allerdings selbst bestimmen, wer meine Frau sein soll.«

Zeus seufzte.

»Um des Friedens Willen, so sei es«, stimmte er zu.

Hera konnte endlich vom Thron aufstehen und nickte ihrem heimgekehrten Sohn leicht lächelnd zu. Insgeheim war sie stolz darauf, dass so ein ausgezeichneter Künstler aus ihm geworden war.

Hephaistos wählte Aphrodite, die ihn mit ihren honigblonden, langen Haaren und den vollen, weichen Lippen ganz in den Bann gezogen hatte. Die Gottheiten lachten hinter seinem Rücken über diese Ehe. Die Schöne und der Hässliche, so spotteten sie.

Auch Aphrodite war nicht glücklich über ihre Heirat. Viel lieber mochte sie Ares, den Bruder von Hephaistos. Sie liebte den muskulösen Körper des Kriegsgottes und seine dunklen Augen, die sie begehrlich anblickten. Zunächst war es nur eine Nacht, in der sie sich heimlich mit ihm traf, als ihr Mann nicht da war. Schnell merkten sie und Ares, dass sie einfach nicht voneinander lassen konnten. So folgte Nacht um Nacht. Vor Aphrodites Schlafzimmer wachte stets Ares' Diener Alektryon, der die Liebenden warnen sollte, wenn jemand vorbeikam. Durch die immer häufigeren Nachtschichten war Alektryon schließlich so müde, dass er eines Nachts während seines Dienstes einschlief. Apollon kehrte an diesem Morgen von einem Jagdausflug auf der Erde zum Olymp zurück. Er sah den schlummernden, jungen Mann und fragte sich, warum Ares' Diener vor Aphrodites Schlafzimmer lag. Leise öffnete er die Tür und erblickte Aphrodite eng umschlungen mit Ares im Ehebett. Auch wenn Apollon Hephaistos nicht besonders mochte, Unrecht konnte er noch weniger ausstehen.

Als Hephaistos zurückgekehrt war, berichtetet er ihm, was er gesehen hatte. Vor Wut und Enttäuschung schleuderte der Schmied seinen Hammer quer durch die Werkstatt gegen die Mauer, so kraftvoll, dass sich eine Delle in der goldenen Wand bildete.

Für eine Weile brütete er düster vor der kalten Schmiede. Dann erhellte ein Grinsen sein Gesicht und er fachte das Feuer an. Eifrig fertigte er ein Netz, das keine Gottheit zerreißen konnte, und brachte es mit einer verborgenen Mechanik über dem Bett seiner Frau an. Dann gab er vor, nach Lemnos zu gehen.

Lange brauchte er nicht zu warten. Schon in der nächsten Nacht schlich sich Ares zu Aphrodite. Kaum lagen beide im Bett, fiel das Netz auf das nackte Paar herab. So sehr sie auch an ihm zerrten, sie konnten sich nicht befreien.

Währenddessen rief Hephaistos alle Gottheiten im Olymp herbei. Sie sollten sehen, wie seine Frau in betrog. Als sie die nackten Gestalten sahen, die verzweifelt versuchten, das Netz loszuwerden, schallte ihr Gelächter so laut, dass die Wände im Olymp zu zittern begannen.

Als alle wieder fort waren, blickte Aphrodite ihren Mann auffordernd an.

»Du hattest deinen Spaß«, sagte sie. »Wie lange sollen wir hier noch liegen?«

»Wirst du mir von jetzt an treu sein?«, fragte Hephaistos.

»Das kann ich dir nicht versprechen«, seufzte Aphrodite. »Das weißt du. Ich verschmähe die Liebe nicht, da ich die Liebe bin. Doch ich verspreche, dir mehr Aufmerksamkeit zu widmen.«

Hephaistos ahnte tief in seinem Herzen, dass er nicht mehr von ihr erwarten konnte. Er war traurig, dass sie seine Liebe nicht so erwiderte, wie er es sich ersehnte, und löste das Netz.

Ares griff nach seiner Kleidung, stampfte wütend aus dem Zimmer und warf Hephaistos einen Blick zu, der ihn getötet hätte, wäre er nicht von göttlicher Abstammung.

Aphrodite beugte sich zu ihm und küsste ihn lange. Sämtliche Wut und Enttäuschung verflogen und er schaute seine Frau mit feuchten Augen an. Allein dafür hatte sich all die Mühe gelohnt, die er sich für diese Falle gemacht hatte.

PERSEUS UND DER KOPF DER MEDUSA

Mit schwerem Herzen reiste König Akrisios vom Orakel in Delphi nach Argos zurück. Er sehnte sich nach einem Sohn, der sein Thronfolger werden sollte. Er liebte seine Tochter Danae und war stolz auf ihre Schönheit. Doch die Gesetze gaben vor, dass nur ein Sohn König von Argos werden konnte. Vom Orakel hatte er sich Antworten erhofft. Nun wünschte er sich, er hätte diese Reise nie unternommen. Statt des ersehnten Sohnes hatte ihm das Orakel den Tod durch einen Enkel in Aussicht gestellt.

Sobald er die Tore seines Palastes durchschritt, rief er seine Leibwache und Leibdiener herbei.

»Richtet die Bronzekammer im Hof so ein, dass sie einer Prinzessin würdig ist. Dann sperrt meine Tochter mit ihrer Amme dort ein. Bewacht sie Tag und Nacht gemeinsam mit den wildesten Bestien. Kein Mann darf zu ihr gelangen!«

Erst als er sich selbst davon überzeugt hatte, dass Danae gut bewacht war, fühlte er sich sicher.

Mit einem Stirnrunzeln beobachtete Zeus vom Olymp aus, wie Danae eingeschlossen wurde. Ihm war ihre Schönheit ebenfalls aufgefallen und er hatte bereits ein Auge auf sie geworfen. Nun berührten ihn ihre klagenden Gesänge.

Er stieg zur Erde herunter und überlegte, wie er zu ihr gelangen könnte. Schließlich verwandelte er sich in einen Goldregen, drang so durch die Ritzen im Dach der Kammer und tropfte in den Schoss von Danae. Die Königstochter fühlte einen wohligen Schauer und wurde von Zeus schwanger. Hinter vielen Schichten von Kleidern verbarg sie ihren wachsenden, runden Bauch, bis sie schließlich einen Sohn gebar. Perseus begrüßte die Welt mit so lautem Schreien, dass die Wächter auf das Kind aufmerksam wurden und ihrem König von der Geburt berichteten.

Akrisios erbleichte, und Angst schnürte ihm die Kehle zu.

»Sperrt beide in eine Holztruhe und setzt sie im Meer aus«, befahl er seinen Wächtern.

Niedergeschlagen senkten die Männer den Blick. Sie mochten die schöne und sanfte Königstochter, die auf so wundersame Weise ein Kind zur Welt gebracht hatte. Sie ahnten, dass Zeus der Vater war. Sollten sie seinen Zorn mehr fürchten als den des Königs? Schließlich gehorchten sie ihrem Herrscher und verschlossen die Herzen vor den Schreien von Mutter und Kind. Mit einem Ruderschiff fuhren sie aufs Meer hinaus und warfen die Kiste samt menschlichem Inhalt ins Wasser, sobald sie die Küste nicht mehr sahen.

»Poseidon sei mit euch«, flüsterte einer der Soldaten, ehe sie zurückruderten.

So trieb Danae mit ihrem Baby auf dem Meer, dazu verdammt, zu verdursten oder zu ertrinken.

Ein leichter Wind kam auf und die Strömung veränderte sich. Auf Bitten seines Bruders Zeus schwang Poseidon seinen mächtigen Dreizack und veränderte die Bewegung des Wassers. Die Truhe trieb zur Insel Seriphos und landete sicher an deren Küste.

Dort flickte der Fischer Diktys am Ufer sein Netz. Schon vor einer Weile hatte er den schwankenden Schatten auf dem Wasser bemerkt, der sich stetig der Küste näherte. Nun sprang er auf, um das seltsame Ding zu begutachten.

Er zog die Holztruhe an den Strand und riss die Planken auf. Erstaunt erblickte er die erschöpfte Danae mit ihrem Baby im Arm. Sie schaute ihn mit großen, ängstlichen Augen an.

»Hab keine Furcht«, beruhigte er die schöne Unbekannte. »Du bist bei mir in Sicherheit!«

Er reichte ihr die Hand, die sie dankbar annahm, und zog sie aus der Kiste. Dann brachte er beide in sein Heim und gab ihnen trockene Kleidung und Essen. So fanden Danae und Perseus auf der Insel ein neues Zuhause und lebten umsorgt und geschützt in Diktys Haus. Und auch wenn er heimlich in sie verliebt war, so bedrängte er sie nie.

Jahre später wurde Diktys Bruder König Polydektes auf Danae aufmerksam, die immer noch von zarter Anmut war. Er verliebte sich in die geheimnisvolle Schöne und warb um sie. Diktys und der herangewachsene Perseus wiesen den lästigen Bewerber immer wieder ab. Perseus traute dem König nicht und seine Mutter wollte von Polydektes in Ruhe gelassen werden. Mit zunehmendem Alter wurde Perseus stärker und stellte sich selbstbewusst dem König in den Weg. Dieser wagte es nicht, Danae mit Gewalt zu nehmen und brütete schließlich einen Plan aus, wie er den lästigen Störenfried endlich loswerden könnte.

Zum Schein verkündete er, dass er die Prinzessin Hippodamia heiraten wolle. Um sie zu gewinnen, wolle er ihr viele Pferde schenken. Daher bat er jeden Edelmann, ein Pferd beizusteuern, damit die Brautwerbung gelänge. Der König wusste, dass Perseus keine Pferde besaß. Er spekulierte darauf, dass dieser nicht vor den anderen Adeligen zurückstehen wollte. So kam Perseus mit leeren Händen zum König und kniete vor ihm nieder.

»Ein Pferd kann ich dir nicht geben. Verlange etwas anderes von mir, dass ich dir bringen soll. Selbst wenn es das Haupt der Medusa ist«, sprach er forsch.

Polydektes schmunzelte in sich hinein. Der Jüngling legte ihm den passenden Vorschlag in den Mund.

»Mein lieber Perseus, wie könnte ich so ein großherziges Angebot ausschlagen? So bringe mir das Haupt der Medusa!«

Die Medusa gehörte mit ihren beiden Schwestern zum Geschlecht der Gorgonen. Sie war einst eine betörende Schönheit gewesen. Als Athene sie in ihrem heiligen Tempel beim Liebesspiel mit Poseidon erwischte, war sie so wütend über diesen Frevel, dass sie Medusa in ein Ungeheuer verwandelte. Seitdem zischten und schlängelten sich Schlangen auf ihrem Kopf und wer sie anblickte, erstarrte zu Stein.

Danae war entsetzt, als ihr Perseus von seinem Vorhaben erzählte.

»Lieber heirate ich Polydektes, als dass dir etwas geschieht«, flehte sie ihn an. Doch Perseus war entschlossen. In fester Überzeugung, dass ihm die Aufgabe gelingen würde, brach er auf.

Die Gottheiten liebten solchen Mut und bald schon erschien ihm die Göttin Athene auf seinem Weg.

»Nimm diesen glänzenden Schild und benutze ihn wie einen Spiegel. So kannst du Medusa anschauen, ohne in Stein verwandelt zu werden.«

»Ich danke dir für dein Geschenk. Ich habe nichts bei mir, um dir dafür zu danken«, sagte der überraschte Perseus.

»Töte die Medusa und eine alte Rechnung ist beglichen. Das ist Dank genug«, antwortete sie und lächelte ihm zu. »Suche die Graien. Sie sind Schwestern der Gorgonen und können dir ihren Aufenthaltsort verraten. Auch wirst du von ihnen den Weg zu den Nymphen des Styx erfahren, die für den Kampf wertvolle Gaben für dich haben. Es ist wichtig, dass du sie findest!«

Dann löste sie sich in einem goldenen Licht auf.

Kaum war er ein paar Schritte weiter gegangen, wanderte Hermes an seiner Seite.

»Das wirst du auch brauchen«, sagte er verschmitzt und übergab dem verdutzen Perseus eine Sichel aus magischem Eisen. »Mit Schwung ist damit der Kopf ab!«

Zwinkernd verabschiedete er sich und eilte davon. Er hatte noch weitere Aufträge für Zeus zu erledigen.

So suchte Perseus die Graien und fand sie in einer Höhle. Die drei alten Frauen stritten mit krächzenden Stimmen um ein Auge und einen Zahn, die sie gemeinsam besaßen. Wollte eine von ihnen sehen oder etwas essen, dann musste sie die anderen Schwestern darum bitten, ihr das Auge oder den Zahn zu überlassen. Das Alter hatte ihre Rücken gebeugt, die grauen Haare standen zottelig ab und die Haut hing faltig von ihren Armen herunter.

»Das gehört mir«, riefen sie alle drei durcheinander und zerrten an dem Auge sowie dem Zahn. Sie verstummten, als sie den jungen Mann bemerkten.

»So schön, so schön«, riefen sie, als sie das eine Auge auf ihn richteten. »Er wird uns helfen! Er soll entscheiden, wem von uns das Auge und wem der Zahn gehört. Wird er das für uns tun?«, fragten sie Perseus.

»Ihr lieben Frauen, wie kann ich euch solch eine Bitte abschlagen«, antwortete er. »Gebt mir das Auge und den Zahn. Ich werde es derjenigen zurückgeben, die es künftig haben soll.«

Bereitwillig gaben sie Perseus ihre Schätze. Sobald er Auge und Zahn in der Hand hielt, verwandelte sich seine freundliche Miene in einen grimmigen Ausdruck.

»Sagt mir zuvor, wo ich eure Schwestern, die Gorgonen und Medusa, finde und führt mich zu den Nymphen. Ansonsten bleibt ihr für immer blind und zahnlos!«

Da schrien die Graien ängstlich und rauften sich die Haare. Als sie merkten, dass Perseus ihnen Auge und Zahn nicht zurückgeben wollte, seufzten sie niedergeschlagen.

»Unsere Schwestern wohnen am Rande des Okeanos. Sie werden uns schon für deine Täuschung rächen.«

Dann zeigten sie ihm den Weg zu den Nymphen. Perseus warf Auge und Zahn in einen nahe gelegenen See. Die Graien sprangen kreischend hinterher, um ihre geliebten Schätze zu finden. Als sie wieder sehen konnten, war Perseus schon lange weg.

Er kam zu einem Fluss und entdeckte drei Nymphen, die singend tanzten. Ihr langes Haar flog dabei wie Seidenschleier um sie herum. So wie er in ihre Nähe kam, umwirbelten sie ihn tänzelnd und verzückten ihn mit ihrem glockenhellen Lachen.

»Der Sohn von Zeus ist gekommen«, kicherten sie. »Ganz so wie angekündigt.«

Sie gaben ihm einen Helm, der ihn unsichtbar machte, sobald er ihn aufsetze und ein Paar geflügelte Sandalen, mit denen er fliegen konnte.

»In diesem Beutel wird alles leicht, was du darin verstaust. Viel Glück bei deiner Jagd!«

Sie übergaben ihm das dritte Geschenk und verschwanden glucksend im Wasser.

Perseus zog die Sandalen an und lachte begeistert, als er sich damit in die Luft erhob. Er flog mit Hilfe des magischen Schuhwerks in den äußersten Westen, wo die Gorgonen am Rande des Okeanos lebten.

Monolithen umgaben ihr Heim, die wild verstreut um sie herum aufragten. Je näher er den Gesteinsbrocken kam, desto deutlicher wurde ihre Form erkennbar: Es waren zu Stein erstarrte Krieger, die versucht hatten, sich den grausigen Schwestern zu nähern. Es schauderte ihn bei diesem Anblick.

Er setzte seinen Tarnhelm auf und wurde unsichtbar. Bemüht, kein Geräusch zu erzeugen, schlich Perseus durch die Menge der versteinerten Menschen. Immer wieder hielt er den glänzenden Schild hoch, um nach den Gorgonen zu schauen. In der Mitte des Steinkreises lagen sie und schliefen.

Langsam bewegte er sich an ihnen vorbei. Die Schlangen, die schlafend auf Medusas Kopf eingerollt lagen, schnüffelten und die ersten zischelten schon mit der Zunge. Sie nahmen eine Witterung wahr, die nicht hierin gehörte. Perseus ahnte, dass sie die Gorgonen bald wecken würden. Er musste sich beeilen.

Er hob den Schild und bewegte ihn hin und her, bis er Medusas Kopf gut erkennen konnte. Schon rührte sie sich und blinzelte. Er hob die Zaubersichel. Ihre Augen öffneten sich weit und blickten ihn im Spiegelbild des Schildes funkelnd an. Sekundenschnell schnitt er ihr todbringendes Haupt mit einem einzigen Hieb ab.

Blut spritze aus ihrem Hals und Perseus schrie auf, als das geflügelte Pferd Pegasos und der Krieger Chrysaor daraus heraussprangen und davonflogen. Als ihre Mutter starb, hatten Medusas und Poseidons Kinder so das Licht der Welt erblickt.

Eilig packte Perseus das Haupt und stopfte es in den Sack. Diesen unheimlichen Ort wollte er so schnell wie möglich verlassen. Medusas Schwestern waren mittlerweile erwacht und schrien wütend auf. Perseus erhob sich mit seinen Flügelschuhen und floh. Das grauenvolle Schreien der Schwestern hallte noch lange in seinen Ohren.

Winde trieben ihn von seinem Flug ab und er landete weit südlich im Land des Titanen Atlas, der ihn nicht empfangen wollte. Er hatte Sorge, der Fremde sei nur daran interessiert, die goldenen Äpfel im Garten der Hesperiden zu stehlen, die er bewachte. Gastfreundschaft war jedoch eine Ehrenpflicht und stand unter dem Schutz von Zeus. Wütend zog Perseus den Kopf der Medusa aus seinem Beutel und verwandelte Atlas zu Stein. So wurde der Riese zu einem Bergmassiv in Nordafrika.

Perseus aber flog weiter über die libysche Wüste und entlang der Küsten Ägyptens und Syriens. In Gedanken war er schon in Griechenland, als er eine junge, schöne Frau erblickte, die nackt an einen Felsen gekettet war. Etwas entfernt standen eine andere Frau und ein Mann, gekleidet in prunkvollen Gewändern mit Kronen auf dem Kopf, und weinten. Perseus stoppte seinen Flug und landete bei den Unbekannten.

»Was geht hier vor? Wo bin ich und warum wird diese schöne Frau so gequält?«, fragte er.

»Ich bin König Kepheus und das ist meine Frau Kassiopeia. Am Felsen hängt unsere wunderschöne Tochter Andromeda, unser ganzer Stolz, die wir über alles lieben. Und dieser Stolz hat uns ins Unglück geführt«, antwortete Kepheus und erzählte ihre traurige Geschichte.

Kassiopeia hatte in ihrem Hochmut damit angegeben, dass Andromeda tausendmal schöner sei als die Meeresnymphen, die Nereiden. Poseidon, der Gott des Meeres, hörte davon und wurde wütend über diese Anmaßung. Er schickte eine Flut nach Joppa, dem Königreich von Kepheus. Das Wasser richtete schlimme Verwüstungen an. Bäume wurden entwurzelt und Häuser davongeschwemmt. Doch das genügte Poseidon nicht, um seinen Zorn zu besänftigen. Er schickte das Seeungeheuer Ketos, das Menschen verschlang. Kepheus befragte in seiner Verzweiflung ein Orakel, wie er Poseidon beschwichtigen und damit die Not seines Volkes lindern könnte. Entsetzt musste er hören, dass er dafür seine Tochter Andromeda opfern müsse.

»Nun stehen wir hier und warten auf das Monster. Wir wollten unsere Tochter nicht allein lassen«, sagte Kepheus und brach erneut in Tränen aus.

Perseus blickte zu Andromeda und verliebte sich sofort in die wunderschöne Prinzessin.

»Ich werde sie retten«, sagte er zum König. »Du musst nicht um sie trauern. Doch versprich mir zuvor, dass ich deine Tochter heiraten und mit nach Seriphos nehmen kann.«

Kepheus wandte sich an seine Frau.

»Keiner traute sich, sie zu retten«, flüsterte er. »Wir sollten es mit diesem jungen Helden wagen. Er scheint sehr überzeugt von sich zu sein.«

»Aber wir haben sie bereits dem Prinzen Agenor versprochen«, wisperte Kassiopeia. »Was sollen wir tun, wenn Perseus es schafft?«

»Wir finden einen Weg, ihn wieder loszuwerden!«, war sich Kepheus sicher.

Kassiopeia nickte.

»Gerne geben wir unsere Tochter in deine Hände, wenn du uns vom Ungeheuer befreist!«, sagte sie laut.

Perseus legte sich am Strand auf die Lauer. Ein Schatten glitt über das Meer und näherte sich der Küste. Es war eine riesige, scheußliche Seeschlange mit einem großen Maul, in dem spitze Zähne blitzen und aus dem Geifer lief. Andromeda schrie vor Angst und wand sich in ihren Ketten. Perseus aber flog direkt auf das Ungeheuer zu und stach mehrfach in seinen Leib. Es schrie vor Schmerz und wurde noch wütender. Seine Schwanzspitze fegte über den Strand und wirbelte Felsbrocken in die Luft. Perseus sorgte sich, dass das tobende Ungeheuer Andromeda treffen könnte, und lockte es ins Meer hinaus. Dann zog er den Kopf der Medusa aus dem Sack und hielt ihn in Richtung der Schlange. Mit aufgerissenem Maul versteinerte sie und sank auf den Meeresboden.

Erleichtert befreite das Königspaar seine Tochter vom Felsen und hüllte sie in einen Mantel. Jubelnd empfing es den Helden, der die Tochter gerettet hatte.

»Dann lasst uns eine Hochzeit feiern«, rief Perseus berauscht vom Kampf. Seine Wangen waren gerötet und seine Augen blitzen hell. Auch Andromeda verliebte sich in den schönen jungen Mann.

»Gemach, gemach, junger Held«, sprach Kepheus. »Zunächst wollen wir ein großes Fest zu deinen Ehren feiern!«

Kassiopeia hakte sich unter und führte Perseus zum Palast.

»Es gibt Honigwein und Datteln, geröstetes Fleisch von unseren besten Rindern und dazu die köstlichsten Oliven«, plapperte sie.

Der König schickte derweil heimlich einen Boten zum Prinzen Agenor. Sobald dieser die Botschaft von Kepheus gelesen hatte, brach er mit einer großen Schar seiner Krieger auf und platze mitten ins fröhliche Fest.

»Ich fordere meine Braut«, schrie er erbost und suchte nach dem frechen Fremdling, der ihm Andromeda wegnehmen wollte.

»Wo warst du, als das Ungeheuer Andromeda töten wollte«, rief Perseus wütend und stellte sich dem Prinzen mit seiner Sichel entgegen. Agenor lachte nur. Was sollte ein junger Bursche gegen seine kriegserprobte Schar ausrichten?

»Alle, die zu dem Versprechen stehen, das mir gegeben wurde, sollen sich hinter mich stellen!«, rief Perseus und nahm den Beutel von seinem

Gürtel. Er holte den Kopf der Medusa hervor und hielt ihn seinen Gegnern entgegen. Agenor, seine Krieger und Andromedas Eltern verwandelten sich in Stein, Augen und Münder ungläubig aufgerissen. Andromeda jedoch stand hinter ihm und wurde verschont.

»Komm, wir gehen!«, sagte Perseus und reichte ihr die Hand. Lächelnd nahm die Prinzessin sie an und gemeinsam reisten sie nach Seriphos.

Kaum angekommen eilte Perseus zu Polydektes. Er brannte darauf, das verdutzte Gesicht des Königs zu sehen, wenn er ihm das Geschenk präsentierte. Er fand ihn im Palast inmitten eines rauschenden Festes.

»Hier bin ich, Polydektes. Ich habe dir dein Hochzeitsgeschenk mitgebracht!«

Im Saal verstummte augenblicklich jedes Gespräch und die Menschen glotzten Perseus an.

»Niemand ist in der Lage, die Medusa zu töten. Hör auf mit deiner Lüge und geh Fische fangen. Das ist es doch, was du gelernt hast«, verhöhnte ihn der König. Alle lachten und grölten.

»Willst du es sehen?«, forderte Perseus Polydektes heraus.

»Ja, ja, komm, zeig uns, welcher armen Frau du den Kopf abgeschlagen hast, nur um nicht als Betrüger dazustehen«, verspotte der König ihn weiter.

Perseus griff in den Beutel und holte den Kopf hervor. Der König und alle, die zum Haupt der Medusa geschaut hatten, versteinerten.

Nachdem der alte König so gestorben war, wollte das Volk Perseus zum neuen König von Seriphos ernennen. Doch Perseus bestimmte Diktys als König. Er wollte zurück zu seinem Geburtsort nach Argos, um seinen rechtmäßigen Thron von Akrisios einzufordern.

Zuvor gab er Athene und Hermes Schild und Zaubersichel zurück. Auch die Sandalen, die Tarnkappe und den Beutel brachte er wieder zu den Nymphen. Den Kopf der Medusa übergab er Athene, die diesen in ihren Rundschild einsetze. Dann machte er sich auf die Reise.

Als sein Großvater hörte, dass Perseus auf dem Weg zu ihm war, packte ihn wieder die Furcht vor der Prophezeiung und er floh nach Larissa in Thessalien.

Dort wurden gerade Begräbnisspiele veranstaltet, da der dortige König gestorben war. Perseus hörte davon und nahm an den Wettkämpfen teil. Er wählte den Diskus und schleuderte ihn weit. Eine Bö, vom Windgott Aiolos im Auftrag von Zeus geschickt, katapultierte das Geschoss aus seiner Wurfbahn. Er landete in den Zuschauenden und traf einen alten Mann tödlich an der Stirn. Es war Akrisios, der sich die Spiele angeschaut hatte. Die Prophezeiung des Orakels war eingetreten.

Perseus war traurig, dass er seinen Großvater ohne Aussprache getötet hatte. Es wollte nicht Herrscher über ein Land sein, dessen König er umgebracht hatte. Daher tauschte er mit seinem Cousin Megapenthes die Reiche, übernahm so die Herrschaft von Tiryns und gründete Mykene.

Mit Andromeda lebte er lange und glücklich zusammen. Gemeinsam hatten sie viele Kinder. Einer ihrer Söhne war Elektryon, der Großvater von Herakles. So war Perseus der Urahn eines weiteren großen Helden.

HERAKLES UND DIE ZWÖLF UNMÖGLICHEN AUFGABEN

Alkmene stand am offenen Fenster und blickte zum silberhellen Mond hinaus. Sie konnte keinen Schlaf finden. So viele Tage und Wochen war ihr Mann Amphitryon schon fort, um gemeinsam mit König Kreon gegen die Taphier Krieg zu führen. Jeden Tag rechnete sie damit, dass er endlich heimkehren würde.

Ein leises Klopfen ließ sie herumfahren. Wer wagte es, sie mitten in der Nacht zu stören?

Ungehalten öffnete sie die Tür und blickte ins lächelnde Gesicht ihres Mannes. Mit einem Schrei der Erleichterung warf sie sich ihm in die Arme. Eng umschlungen rollten sie sich auf das Bett und liebten sich, als wäre es das erste Mal.

Als Alkmene seufzend in der Früh erwachte, lag Amphitryon nicht mehr neben ihr. Wohlig räkelte sie sich und dachte an die nächtlichen Stunden, in denen ihr Mann sie an jeder Stelle ihres Körpers liebkost hatte. So feurig hatte sie ihn noch nie erlebt.

Sie kleidete sich an und ging zum Altar im Palast, der Zeus und Hera geweiht war. Sie wollte ihnen Brot und Früchte opfern, um den Gottheiten für die sichere Heimkehr ihres Gemahls zu danken.

»Alkmene, Geliebte, ich bin zurück«, rief ihr Amphitryon im Hof entgegen. Er stieg von seinem Pferd und wies die Knechte an, es abzusatteln und in den Stall zu führen.

Verwirrt begrüßte sie ihren Mann zum zweiten Mal. Sicherlich war er letzte Nacht allen anderen vorausgeeilt, um zu ihr zu kommen. Nun wollte er sie ein zweites Mal vor allen Augen begrüßen.

Am Abend gaben sie ein großes Fest, um die Heimkehr zu feiern. Müde gingen Alkmene und Amphitryon auf ihr Zimmer. Sie liebten sich erneut. Doch das Feuer der vorherigen Nacht fehlte.

Schon bald bemerkte Alkmene, dass sie schwanger war. Nach neun Monaten brachte sie Zwillinge zur Welt, denen sie die Namen Herakles und Iphikles gaben.

Herakles war schon als Baby stark und wild, während sein Bruder Iphikles sich eher ängstlich und scheu verhielt.

Eines Nachts schlichen zwei Schlangen ins Zimmer der Kinder und wickelten sich um Herakles. Iphikles brüllte vor Angst und krabbelte davon. Herakles aber packte die Schlangen mit seinen kleinen Händen und erwürgte sie mit einem glucksenden Lachen.

Aufgeschreckt vom panischen Gebrüll ihres Sohnes eilten die Eltern ins Zimmer. Amphitryon riss seine Augen weit auf, als ihm Herakles die toten Schlangen stolz entgegenstreckte.

Wie konnte ein acht Monate altes Kind so viel Kraft haben? Amphitryon bat den blinden Seher Tiresias um Rat.

»Dieser Sohn ist von Zeus«, offenbarte er ihm. »Hera hat die Schlangen geschickt, um sich an ihm zu rächen.«

Nun endlich verstand Alkmene die seltsame Rückkehr ihres Mannes. In der ersten Nacht war Zeus in Gestalt ihres Mannes zu ihr gekommen. Weinend berichtete sie ihm davon. Er drückte sie beruhigend.

»Ich war es, den du in dieser Nacht geliebt hast und nicht Zeus!«

Alkmene hatte Angst vor dem Zorn der Göttin Hera. Sie kannte die vielen Geschichten, die davon erzählten, wie Hera die Geliebten ihres Mannes rachsüchtig verfolgte. Daher setzte sie Herakles heimlich nachts im Wald aus. Dort fand ihn Athene und hatte Mitleid mit dem verlassenen Kind. Sie nahm es mit zum Olymp und zeigte es Hera. Zeus wusste, dass es sich um seinen Sohn handelte und umgab ihn mit einem Zauber. So erkannte Hera das Kind nicht, legte es an ihre Brust, um es zu stillen und gab ihm so, wie von Zeus geplant, übernatürliche Kräfte. Doch Herakles war ungeduldig und säugte so gierig an Heras Brust, dass sie ihn vor Schmerzen wegstieß. Milch spritze über den Himmel und blieb dort als Sternenband stehen. So entstand die Milchstraße.

Der Schmerz hatte den Zauber gelöst und Hera begriff, welches Kind sie gesäugt hatte.

»Er wird der stärkste Mann unter den Sterblichen sein und eines Tages zu uns als Gott in den Olymp aufsteigen«, offenbarte ihr Zeus stolz.

Hera jedoch schwor, ewige Rache an Herakles zu verüben.

Athene brachte das Kind zu Alkmene zurück. Als die Mutter beide Kinder am nächsten Morgen friedlich nebeneinander schlafen sah, wusste sie, dass es Herakles bestimmt war, bei ihr zu bleiben.

Er wuchs mit seinem Bruder Iphikles glücklich auf. Sein sterblicher Vater ließ ihn in Bogenschießen, Fechten und Ringen unterrichten und zog ihn wie seinen eigenen Sohn auf. Sehr schnell war er geschickter und stärker als alle Lehrer. Auch singen und musizieren wurde ihm beigebracht.

Allerdings war er ungeduldig und jähzornig. Es fiel ihm schwer, sein Temperament zu zügeln.

»Nein, nein, nein! Das ist nicht richtig. So wird nie was aus dir!«, tadelte ihn eines Tages sein Musiklehrer. Sofort umhüllte roter Nebel Herakles' Gedanken und in blindem Frust schlug er mit der Leier nach seinem Lehrer. So wütend konnte er seine Riesenkräfte nicht kontrollieren und tötete den Mann.

Entsetzt sah Herakles das viele Blut und rannte reumütig zu seinem Vater.

»Es ist gut, dass du Reue zeigst«, sagte dieser. »Auch wenn du mein Sohn bist, kann ich deine Handlung nicht straflos lassen.«

Amphitryon verbannte Herakles zum Berg Kithäron, wo er die väterlichen Kühe hüten sollte. »So bekommst du die Gelegenheit, über dein Leben und deinen weiteren Weg nachzudenken«, sagte er.

Zerknirscht akzeptierte Herakles das Urteil seines Vaters.

Die Hirten begrüßten den Sohn ihres Gebieters zunächst skeptisch. Gemeinsam mit ihnen trieb Herakles die Kühe von Weide zu Weide, ohne sich je zu beklagen oder sich vor der Arbeit zu drücken. Schon bald war er Teil ihrer Gemeinschaft und wuchs zu einem starken jungen Mann heran, der alle überragte.

Eines Tages, als Herakles siebenzehn Jahre alt war, liefen die Kühe aufgeregt durcheinander und waren nur schwer zu bändigen. Ein Löwe hatte eines der älteren Tiere gerissen. Herakles verfolgte das Raubtier mehrere Tage. An einem Berghang stellte er es schließlich und tötete es. Danach zog er dem Löwen das Fell ab und gerbte es zu einem Umhang. Das Fell wurde so zu seinem Erkennungsmerkmal.

Auf seinem Rückweg nach Theben kreuzten Herolde seinen Weg. Froh nach der langen Zeit in der Wildnis wieder auf Menschen zu treffen, sprach er sie an.

»Wo geht es hin? Ich war lange allein unterwegs, um einen Löwen zu jagen und freue mich nun auf ein Gespräch«, grinsend zeigte er auf den Umhang, der über seinen Schultern hing.

Die Herolde nickten beeindruckt.

»Wir kommen aus Orchomenos und holen den Tribut ab, den die Thebaner unserem König Minyer schulden. Dafür schneidet unser gnädiger Herrscher ihnen die Hände, Nasen und Ohren nicht ab«, berichteten sie überheblich lachend. »So zahlen die Thebaner Jahr für Jahr 100 Ochsen!«

»Dafür erwartet euer König tatsächlich solch einen Tribut?«, fragte Herakles grimmig.

Die Herolde nickten.

»Das ist doch nur gerecht«, antworteten sie.

»Ich zeige euch, was gerecht ist«, rief Herakles wütend. Er schnappte sich die Herolde und verstümmelte sie grausam, ganz so wie ihr König es den Thebanern angedroht hatte. Sie schrien und wanden sich vor Schmerzen. Doch Herakles kannte kein Erbarmen. Er setzte sie gefesselt auf ihre Pferde und schickte sie zurück in Richtung ihrer Heimatstadt.

König Minyer schäumte vor Wut und schickte seine Armee nach Theben, um Vergeltung zu üben.

Eine tapfere Schar von thebanischen Kriegern versammelte sich, um sich dem gegnerischen Heer entgegenzustellen. Herakles gesellte sich zu ihnen und sprach ihnen Mut zu.

»Habt keine Furcht. Wir werden gemeinsam siegen und diese Ungerechtigkeit, die Theben durch König Minyer schon so lange widerfahren ist, beheben. Kämpft mit mir!«, rief er ihnen zu. Die Krieger jubelten. Sie waren beeindruckt vom kräftigen, jungen Mann mit seinem Löwenfell, der ohne Furcht zu ihnen sprach. Sie spürten, dass er etwas Besonderes war.

Herakles kämpfte an der Spitze und durchpflügte die Reihen der Gegner, als ob sie Spielzeugsoldaten wären. Grimmig und gnadenlos tötete er auch deren König. So wie Minyer fiel, brach auch der Angriff zusammen und die Soldaten flohen.

König Kreon von Theben war dankbar, dass diese schwelende Unruhe und die hohen Tributzahlungen an das Nachbarland beendet waren. Er holte den Helden Herakles an seinen Hof und belohnte ihn mit der Ehe zu seiner Tochter Megara.

Herakles fand nach seiner Verbannung aus dem Elternhaus und der langen Wanderung endlich ein Heim. Er war glücklich mit Megara und sie bekamen drei Söhne. Sein sterblicher Vater Amphitryon schloss wieder Frieden mit ihm.

»Mein Sohn«, sagte er an einem Frühlingstag zu Herakles, »Du hast den Pfad der Tugend gefunden. Nun steht dir sogar der Weg zum Thron von Theben offen, wenn Kreon stirbt.«

Auch Zeus blickte zufrieden auf seinen Sohn.

Nur Hera hatte ihren Groll nicht vergessen und neidete Herakles sein Glück. Und sie kannte seine Schwachstelle. Um ihn in den Wahnsinn zu treiben, fachte sie seinen Jähzorn an. Im Wutrausch erkannte er seine Söhne und Megara nicht mehr. Im Glauben, dass Feinde vor ihm stünden, tötete er sie.

Als die Schwaden des Wahnsinns aus seinem Kopf verschwunden waren und er die toten, geliebten Menschen vor sich sah, brach Herakles weinend zusammen. Er drückte sie an sich und wollte sie nicht mehr loslassen. Schließlich begrub er sie unter einer Eiche und verließ Theben als gebrochener Mann.

Er wanderte zum Orakel nach Delphi, um Rat zu suchen.

»Sag mir, Priesterin, wie kann ich für die grauenvolle Tat, die ich begangen habe, sühnen?«

»Geh nach Tiryns zu deinem Vetter König Eurystheus«, antwortete ihm die Priesterin. »Diene ihm zwölf Jahre und vollende jede Aufgabe, die er dir gibt. Das ist deine Sühne. Erfüllst du alle, ist dir die Unsterblichkeit gewiss.«

Herakles begab sich mit gesenktem Kopf zu seinem Vetter nach Mykene und bat darum, in seinen Diensten stehen zu dürfen. Eurystheus war wenig erfreut, als er Herakles sah. Über die Linie seiner Mutter floss königliches Blut in den Adern seines Vetters und so fürchtete Eurystheus, dass Herakles eines Tages Anspruch auf den Thron von Mykene erheben würde. Dennoch nahm er ihn in seinen Dienst. In den Aufgaben, die Herakles erledigen musste, sah der König die Gelegenheit, den lästigen Rivalen loszuwerden. Lange überlegte er, welchen lebensgefährlichen Auftrag er Herakles geben sollte. Dann hatte er eine Idee.

»Herakles«, sagte er, »töte den Nemeischen Löwen!«

In der nördlichen Ebene von Argos, nicht weit weg von Mykene erhoben sich hohe Berge. Im Tal Nemea hauste ein Löwe, der durch keine Waffe getötete werden konnte. Bewaffnet mit einer Keule, Schwert, Pfeil und Bogen spürte Herakles den Löwen auf. Die Pfeile prallten vom Fell des Tieres ab. Er hieb mit der Keule auf die Raubkatze ein, doch sie schüttelte sich nur benommen. Da warf Herakles alle Waffen von sich und umschlang den Löwen mit seinen starken Armen. Er drückte und drückte dem zappelnden Tier die Kehle zu, bis es schließlich schlaff in seinen Armen hing. Er hatte es erdrosselt.

Er griff zu seinem Schwert, um dem Löwen das Fell abzuziehen. Die Klinge drang keinen Millimeter durch die Haut. Da nahm er die Klauen des Löwen und zog ihm damit die Haut ab. Sein altes Löwenfell legte er ab und trug das neue als Kleidungsstück. Den Kopf des Löwen setzte er sich wie einen Helm aufs Haupt. Mit dem schlaffen Kadaver auf dem Rücken kehrte er zu Eurystheus zurück und warf ihn ihm vor die Füße.

»Erledigt«, brummte er.

Eurystheus schrie beim Anblick des gehäuteten Löwen zu seinen Füßen. Seine Befürchtungen, dass Herakles ihn eines Tages problemlos entthronen könnte, wurden nur noch verstärkt.

Er ließ sich ein Eisenfass anfertigen und zog sich zum Schutz darin zurück, wenn Herakles im Palast war. Auch befahl er, dass Herakles die Aufgaben ab sofort von einem Boten überbracht werden sollten. Er hoffte, dass die nächste Arbeit seinen Vetter das Leben kosten würde.

»Töte die Hydra!«, ratterte der Bote herunter.

Die Hydra war die Schwester des Höllenhundes Kerberos, eine vielköpfige Wasserschlange, die in den Sümpfen Lena am Argolischen Golf lebte.

Gemeinsam mit seinem Neffen Iolaos machte sich Herakles auf den Weg zu den Sümpfen. Vorsichtig schlichen sie durch das schlammige Gebiet und mieden die großen Wasserflächen. Schließlich fanden sie die Schlange schlafend in ihrem Nest. Um sie hervorzulocken, schoss Herakles brennende Pfeile in ihre Höhle. Sie zischte wütend und schoss heraus, um nach dem frechen Eindringling zu schnappen.

Er schlug mit seinem Schwert die ersten Köpfe ab. In Sekundenschnelle wuchsen zwei neue Köpfe aus jeder Wunde. So fauchten Herakles schon

bald um das Vielfache mehr Schlangenköpfe an und schnappten mit ihren scharfen Zähnen nach ihm. Das Löwenfell schützte ihn immer wieder vor Verletzungen.

Da hatte Herakles eine Idee.

»Iolaos«, rief er. »Zünde Fackeln an und reiche sie mir, sobald ich einen Kopf abgeschlagen habe.«

Nach dem nächsten Hieb brannte er den Stumpf aus. So wuchsen keine neuen Köpfe mehr daraus hervor.

Hera sah wütend, wie Herakles eine weitere gefährliche Aufgabe erledigte. Sie schickte den Riesenkrebs Karkinos, um es ihm schwerer zu machen. Der Krebs erhob sich aus dem Schlamm und packte Herakles‘ Fuß mit seinen Riesenscheren. Doch der schwang seine Keule und zerschmetterte ihn. Für seinen Mut, sich Herakles in den Weg zu stellen, versetzte Hera den Krebs neben das Sternbild des Löwen an den Himmel.

Herakles hatte mittlerweile alle Köpfe der Hydra abgeschlagen, bis auf einen.

»Dieser ist sterblich«, flüsterte die Göttin Athene ihm zu. Er schlug auch den letzten Kopf ab und vergrub ihn am Wegrand. Zur Sicherheit rollte er einen großen Stein auf die Stelle. Seine Pfeile tauchte er ins giftige Blut der Hydra, die damit zu einer tödlichen Waffe wurden.

So kehrte er nach Mykene zurück.

Eurystheus tobte. Er wollte die Aufgabe nicht anerkennen, da Hera kles Iolaos‘ Hilfe hatte. Rasch dachte er sich eine weitere unlösbare Herausforderung aus.

»Bring mir die Hirschkuh von Keryneia, aber lebend!«

Die Hirschkuh trug ein goldenes Geweih und hatte Hufe aus Bronze. Niemand außer der Göttin Artemis hatte sie jagen können. So schnell und ausdauernd konnte sie laufen. Doch wer sie sah, konnte nicht aufhören sie zu verfolgen, so schön war ihr Anblick.

Ein Jahr lang jagte Herakles der Hirschkuh hinterher, ihr immer dicht auf den Fersen. Kreuz und quer durch Arkadien ging die wilde Hatz, bis die Kuh schließlich erschöpft aufhörte zu rennen, um einen Moment zu verschnaufen. Da packte Herakles sie und band sie an den Beinen zusammen. Auf den Schultern tragend brachte er sie an den Hof von Eurystheus.

Zähneknirschend ließ dieser die Hirschkuh wieder frei, weil sie der Göttin Artemis heilig war und er ihren Zorn nicht heraufbeschwören wollte. Schnell dachte er sich die nächste Aufgabe aus. Erneut sollte Herakles ein Tier einfangen.

»Fange den erymanthischen Eber, ebenfalls lebend!«

Der riesige Eber lebte an den Hängen des Erymanthos-Gebirges im Nordwesten von Arkadien. Herakles scheuchte ihn von seinem Lagerplatz auf und trieb das Tier in einen Bereich mit tiefem Schnee, wo der Eber stecken blieb. So musste Herakles nur sein Netz über ihn werfen und konnte ihn problemlos fesseln.

Zurück im Palast bahnte sich Herakles einen Weg vorbei an den Wachen und präsentierte dem König das riesige Wildschwein, das er auf seinem Rücken durch ganz Arkadien getragen hatte. Vor Schreck tauchte Eurystheus tief in seinem Eisenfass ab, so dass nur noch die Nase herausschaute.

»Weg mit ihm«, fiepste er. Die Wachen eilten herbei und drängten Herakles nach draußen. Eine noch schwierigere Aufgabe musste her!

»Vertreibe die Stymphalischen Vögel!«

Eurystheus war sicher, dass Herakles an dieser tödlichen Plage scheitern würde. Die Stymphalischen Vögel waren schreckliche Tiere mit Gefieder, Schnäbeln und Krallen aus Eisen. Sie zerfetzten und fraßen jeden, der das Unglück hatte, ihnen zu begegnen. Ihre Nester waren in den Sümpfen von Stymphalos an der nordöstlichen Ecke von Arkadien.

Zum Glück bekam Herakles Hilfe: Die Göttin Athene überreichte dem Helden eine Klapper aus Bronze, die Hephaistos geschmiedet hatte.

Mit dieser scheuchte er die Vögel auf und schoss mit seinen tödlichen Pfeilen einen nach dem anderen ab.

Eurystheus tobte in seinem Eisenfass. Doch schon ersann er die nächste Aufgabe.

»Reinige die Ställe von König Augias!«

Seufzend begab sich Herakles an die Westküste der peloponnesischen Halbinsel, um diese entwürdigende Aufgabe zu erfüllen. Der reiche König Augias hatte riesige Stallungen, die niemand reinigen konnte, weil es einfach zu viele Tiere waren. Die Knechte des Königs mühten sich vergeblich ab. Der üble Geruch aus den Ställen verbreitete sich mittlerweile über das ganze Land.

Herakles sprach beim König vor und bot seine Dienste an. Er bat darum, ein Zehntel der Tiere als Belohnung zu erhalten.

»Schaffst du es an einem Tag, dann sollst du deine Belohnung erhalten«, antwortete der König. »Wenn nicht, dann wirst du mir ewig als Sklave dienen!«

Herakles willigte ein und begab sich zu den Stallungen. Nach kurzem Überlegen schlug er Breschen in die Stallmauern und leitete den nahegelegenen Fluss Alpheios hindurch. Das Wasser schwemmte den ganzen Mist heraus. Der König traute seinen Augen kaum, als er das Ergebnis sah, verweigerte Herakles jedoch seine Belohnung. Mittlerweile war ihm berichtet worden, dass der im Auftrag von König Eurystheus handelte. Die Geschichten der Heldentaten wurden bereits überall herumerzählt. Außerdem hätte ja der Fluss die ganze Arbeit übernommen. Wütend zog Herakles von dannen.

Zurück am Hof König Eurystheus' wollte auch dieser nicht anerkennen, dass die Aufgabe gelöst wurde. Schließlich hatte Herakles einen Lohn für seine Arbeit verlangt.

Obwohl Herakles schon so viele unmöglichen Aufgaben gelöst hatte, schickte er ihn erneut fort.

»Fang den weißen Stier von Kreta!«

Zufrieden rieb Eurystheus sich die Hände, als ihm diese siebte Aufgabe einfiel. Der Stier war aus dem Meer entstiegen und der Schönste aller Stiere. Er hatte den Minotaurus gezeugt, ein Mischwesen mit menschlichem Körper und Stierkopf, und war durch Poseidon wild geworden. Herakles fing ihn mit einem Seil ein, betäubte das Tier mit der Keule und brachte ihn nach Mykene. Dort ließ er ihn im Palast frei. Der Stier tobte durch die Gänge und Eurystheus hastete im letzten Augenblick in sein rettendes Eisenfass.

»Herakles, bring ihn wieder von hier weg«, krächzte er aus dem Fass und überlegte sich zitternd die nächste Aufgabe. Es musste doch etwas geben, woran Herakles scheitern würde!

»Zähme die Pferde von König Diomedes!«

Diesmal schickte ihn Eurystheus nach Thrakien an die weit entfernte Nordküste des Ägäischen Meeres. Vier Stuten gehörten Diomedes, einem Sohn des Kriegsgottes Ares. Die Tiere waren wild und ungezähmt. Der König band sie mit Eisenketten an, weil kein Seil sie halten konnte. Verirrten sich Fremde in sein Land, verfütterte er sie an seine Pferde.

Mit einer Gruppe von treuen Gefährten segelte Herakles zu den Küsten Thrakiens. Mit seiner unmenschlichen Kraft sprengte er die Ketten und trieb die Pferde zum Schiff. Ein Stallknecht sah den Diebstahl und löste Alarm aus. Diomedes eilte mit seinen Kriegern hinterher. Herakles bat seinen Freund Abderos, auf die Pferde aufzupassen und stellte sich mit den anderen Gefährten dem König. Er tötete Diomedes und schlug die Krieger in die Flucht. Glücklich grinsend kehrte er zum Hügel zurück, auf dem er Abderos mit dem Stuten zurückgelassen hatte. Seine Augen weiteten sich im Angesicht des Grauens, das sich ihm dort bot. Die Pferde hatten sich losgerissen und Abderos zerrissen. Das erfüllte Herakles mit so großem Kummer, dass er Diomedes den eigenen Pferden zum Fraß vorwarf. Gierig schnappten sie nach dem Fleisch, bis nichts mehr vom König übrig blieb. Von da an waren sie gefügig und ließen sich ohne Probleme zum Schiff führen. Auf der Rückreise zähmte sie Herakles endgültig und überbrachte sie Eurystheus. Dieser wusste nicht, ob er glücklich oder enttäuscht sein sollte. Die Stuten waren feurig und wunderschön. Er weihte sie der Göttin Hera und paarte sie mit seinen eigenen Hengsten.

Herakles aber war er immer noch nicht losgeworden. Seine Tochter Admete schließlich gab ihm die neunte Aufgabe für Herakles vor. Sie wollte unbedingt den Gürtel der Amazonenkönigin besitzen.

»Schaffe mir den Gürtel der Amazonenkönigin Hippolyte herbei!«

Die Amazonen lebten in Pontos am Schwarzen Meer und waren als mutige Kriegerinnen bekannt. Der Kriegsgott Ares hatte seiner Tochter Hippolyte den wertvollen Gürtel als Zeichen großer Tapferkeit übergeben.

Für diese Reise scharte Herakles eine Reihe von Gefährten um sich. Mit an Bord waren auch die Helden Theseus und Telamon. Von Theseus werden wir bald noch mehr hören.

Ihr Schiff landete bei Themiskyra, der Hauptstadt der Amazonen. Die Kunde von Herakles' heldenhaften Taten war auch bis zu den Amazonen gedrungen. Freundlich und neugierig empfingen sie die Männer. Königin Hippolyte bat Herakles, seine Geschichten zu erzählen. Bei vielen Bechern Wein am Feuer erzählte Herakles ihr von seinen Taten und warum er zu den Amazonen gekommen war.

»Als Zeichen deiner Tapferkeit sollst du den Gürtel von mir haben«, sagte Hippolyte. »So wie einst mein Vater Ares mich damit auszeichnete!«

Herakles war überrascht. Erfreut dankte er der schönen Königin und blieb die Nacht bei ihr.

Hera aber war wütend. Diese Aufgabe war viel zu leicht für Herakles gewesen. Sie verwandelte sich in eine Kriegerin und mischte sich am nächsten Tag unter die Amazonen.

»Herakles will die Königin entführen«, flüsterte sie ihnen zu. Schon bald verbreitete sich die Nachricht wie ein Lauffeuer. Sogar Hippolyte war überzeugt und die Amazonen griffen zu den Waffen.

Sie stürmten zum Schiff, auf dem Herakles und seine Männer sich bereit zur Abfahrt machten. Es kam zu einem heftigen Gefecht, bei dem auf beiden Seiten viele starben. Als die Griechen in die Enge gedrängt worden waren und es schlecht für sie aussah, gelang es Herakles, Hippolytes Schwester Melanippe zu ergreifen. Er drohte, sie zu töten, wenn er mit seinen Männern nicht unversehrt abziehen könnte.

»Ich will den Gürtel und freies Geleit«, rief er den Amazonen zu. Hippolyte liebte ihre Schwester sehr und übergab Herakles ihren Gürtel. Die Kriegerinnen zogen sich zurück. Herakles hielt Wort und gab Melanippe frei. Schnell setzen sie die Segel und machten sich auf die Heimreise.

Als sie ins Ägäische Meer zurücksegelten bot sich Herakles und seinen Männern an den Küsten von Troja ein ungewöhnliches Bild: Eine schöne, junge Frau in kostbare Gewänder gekleidet stand gefesselt an einem Felsen und rief um Hilfe. Es war die Tochter von König Laomedon, die geopfert werden sollte, um Poseidon zu besänftigen. Der König hatte den Meeresgott erzürnt, als er ihn um den Lohn betrog, den er für seine Hilfe beim Bau einer Mauer um Troja hätte bekommen sollen. Aus Rache schickte Poseidon ein Ungeheuer, das das Land in Atem hielt.

Herakles löste die Ketten der Frau und brachte sie zu Laomedon. Er wusste, dass der König ein Paar unsterbliche, weiße Pferde besaß, die er von Zeus erhalten hatte.

»Ich befreie dein Land von diesem Ungeheuer«, versprach er. »Dafür verlange ich deine unsterblichen Pferde!«

Glücklich darüber, seine Tochter zurückzuhaben, willigte der König ein.

Herakles und seine Männer machten sich auf zur Küste. Am Strand stellten sie eine Schanze auf, hinter der sie auf das Ungeheuer warteten. Eine riesige Kreatur, halb Mensch, halb Fisch, stürmte mit weit aufgerissenem Maul voller spitzer Zähne auf das Ufer zu. Herakles sprang hinter der Schanze hervor und schwang sein Schwert mit voller Wucht gegen das Monster. Doch die Klinge prallte von den Schuppen ab und kein Schnitt war zu sehen. So konnte er es nicht bezwingen. Er überlegte kurz, dann sprang er entschlossen ins Maul des Ungeheuers und ließ sich samt Schwert verschlucken. Im Inneren des Riesenfischs zerschnitt er dessen Eingeweide mit mehreren starken Hieben. Blutbesudelt kletterte er wieder heraus, ging wie er war zum Palast und forderte seinen Lohn. Hastig übergab Laomedon ihm die Pferde, um den furchteinflößenden Gesellen wieder loszuwerden.

Als Herakles sie an Bord seines Schiffes gebracht hatte und genauer untersuchte, musste er jedoch feststellen, dass es sich um normale sterbliche Pferde handelte. Zornig wandte er sich Richtung Troja und schwor dem König Rache.

Zurück in Mykene warf er Eurystheus den Gürtel der Hippolyte vor die Füße. Admete griff ihn gierig und verschwand damit auf ihr Zimmer. Der König raufte sich verzweifelt die spärlichen Haare. Erneut hatte Herakles die Aufgabe gelöst, ohne Schaden zu nehmen. Was konnte diesen Mann bezwingen?

»Stehle die Rinderherde des Riesen Geryoneus!«

Diesmal schickte ihn der König weit über die Grenzen der griechischen Welt hinaus. Auf einer Insel vor Iberien hauste der dreiköpfige Geryoneus mit seinen Rindern. Die Tiere wurden von Orthos bewacht, einem zweiköpfigen Hund mit Schlangenschwanz, der ein Bruder des Höllenhundes Kerberos war. Um die Insel zu erreichen, musste Herakles den Okeanos an der westlichen Küste der iberischen Halbinsel queren.

Er reiste über Land, bis zu der Meeresenge, die das Mittelmeer mit dem Okeanos verband. Hier errichtete er zwei große Steinsäulen, in die er eine Inschrift hineinschlug: Nicht mehr weiter! Damit markierte er das südliche Ende der Welt.

Doch wie sollte er nun ohne Schiff den Okeanos überwinden, um zur Insel zu gelangen? Wütend schickte er einen Pfeil in den Himmel, der an Helios, dem Sonnengott, vorbeischoss. Er flog mit seinem goldenen Gefährt gerade Richtung Westen.

»Was soll das?«, fuhr er den Helden an.

»Verzeih mir, Helios«, sagte Herakles. »Es war nicht meine Absicht, dich zu treffen. Ich muss eine zehnte Aufgabe für Eurystheus erledigen und dafür irgendwie zur Insel von Geryoneus kommen.«

»Ah, davon habe ich schon gehört«, kicherte der Sonnengott. »Der König versteckt sich jedes Mal in seinem Eisenfass, wenn du zurückkehrst. Eine köstliche Geschichte.«

»Hier«, fuhr er fort, »nimm das, aber bringe es mir zurück, wenn du deine Aufgabe erledigt hast!«

Er ab ihm einen goldenen Kelch, den er selbst nutzte, um den Okeanos zu überqueren. In diesem Gefäß kam Herakles schließlich zur Insel.

Sobald er gelandet war, eilte er zu den Ställen. Orthos witterte den Fremdling sofort und griff ihn wütend an, doch Herakles zerschmetterte den Hund mit einer Keule. Dann trieb er die Rinder zu seinem goldenen Gefährt. Ein Hirte stellte sich ihm in den Weg, und auch er wurde Opfer seiner Keule.

Geryoneus war durch das Bellen und Jaulen seines Hundes gewarnt worden und eilte Herakles mit drei Schildern und drei Lanzen, die er in seinen sechs Händen hielt, hinterher. Herakles stellte sich dem Kampf und erschoss den Riesen mit seinen Pfeilen.

Zurück auf dem Festland gab er Helios den goldenen Kelch wie versprochen zurück.

Lange dauerte diesmal die Heimkehr. Die stattlichen Rinder weckten Begehrlichkeiten und immer wieder musste Herakles sie gegen Räuber verteidigen.

Eurystheus saß derweil in seinem Palast und freute sich über jeden Tag, an dem Herakles nicht zurückkehrte. Nach einer Weile nahm er an, dass der Held an dieser Aufgabe gescheitert war. Umso überraschter war er, als er eines Tages ein lautes Blöken vernahm und den verschwitzten Helden im Palasthof mitten unter den schönen Rindern stehen sah. Eine neue Aufgabe musste her!

»Pflücke mir dir goldenen Äpfel der Hesperiden!«

Die Hesperiden, in deren Garten goldene Äpfel wuchsen, waren die Töchter des Titanen Atlas, der am westlichsten Rand der bekannten Welt lebte. Die Bäume waren ein Hochzeitsgeschenk von Gaia an Hera gewesen.

Kaum angekommen, musste Herakles also schon wieder nach Westen zurück, von wo er gerade mühevoll gekommen war. Grimmig nickte er dem Boten des Königs zu und machte sich auf den Weg.

Nachdem er schon eine Weile unterwegs war, kam er an einem Gebirge vorbei. Hoch oben am Felsen sah er einen gefesselten Riesen, der qualvoll schrie und immer wieder von einem Adler attackiert wurde. Es war Prometheus, dessen Leber gerade verspeist wurde. Herakles hatte Mitleid mit dem Titanen. Er tötete den Adler und erlöste ihn so von seinem Leid.

Nach weiteren langen Wanderungen kam er schließlich ans Ziel. Schon von Weitem sah er Atlas in gekrümmter Haltung, die Arme nach oben gestreckt und unter einer schweren Last ächzend. Nach dem langen Krieg hatte Zeus dem Titanen zur Strafe aufgetragen, den Himmel zu tragen.

»Ich sehe, wie groß deine Bürde ist«, sagte Herakles. »Willst du, dass ich sie dir für einen Moment abnehme?«

»Ja, das wäre schön«, seufzte Atlas. Dann wurde er misstrauisch.

»Was willst du dafür haben?«

»Pflück mir ein paar Äpfel aus dem Garten deiner Töchter«, antwortete Herakles.

Atlas dachte kurz darüber nach. Äpfel gab es im Garten genug. Hera würde es kaum auffallen und er hätte endlich eine Pause von der schweren Last.

»So soll es sein«, stimmte er daher zu.

Herakles übernahm das Gewicht des Himmels und Atlas pflückte für ihn die Äpfel.

Auf seinem Rückweg bemerkte Atlas, wie leicht es sich anfühlte ohne den Himmel auf seinem Rücken. Herrlich, sich strecken und aufrecht gehen zu können.

»Trage den Himmel doch bitte noch eine Weile für mich«, bat er Herakles. Der ahnte, dass Atlas nicht mehr die Absicht hatte, mit ihm zu tauschen.

»Mach ich gerne«, sagte er daher. »Nimm ihn mir nur kurz noch einmal ab. Ich will meine Schultern polstern, damit ich das Gewicht besser tragen kann.«

Atlas willigte ein und übernahm die Last wieder. Da schnappte sich Herakles die Äpfel und verschwand unter dem enttäuschten Heulen des Titanen.

Fassungslos nahm Eurystheus die Äpfel entgegen und übergab sie sofort Hera, um ja nicht ihre Wut zu erwecken.

Eine einzige Aufgabe fiel dem König noch ein, die Herakles garantiert nicht überleben würde. Dafür musste er ihn nur in die Unterwelt schicken. Denn niemand konnte die Unterwelt wieder verlassen.

»Bringe Kerberos an die Oberwelt!«

Ohne göttliche Hilfe konnte Herakles diese Aufgabe nicht lösen. Er bat Athene und Hermes, ihm den Weg in die Schattenwelt zu zeigen.

Es war düster dort unten und verlorene Seelen streifen mit traurigen Blicken an ihm vorbei. An einer Weggabelung fand er Theseus, der so tapfer mit ihm gegen die Amazonen gekämpft hatte, an einen Felsen gekettet. Er hatte versucht, Persephone aus der Unterwelt zu entführen, und war kläglich gescheitert. Herakles befreite seinen Freund, der versuchen wollte, zurück zur Oberfläche zu gelangen. Sie verabschiedeten sich und gingen ihrer Wege. Schließlich gelangte Herakles zu Hades‘ goldenem Palast.

»Von dir habe ich schon gehört«, brummte der Gott der Unterwelt als der Held vor ihm stand. »Was suchst du hier unten?«

»Ich soll für Eurystheus den Kerberos in die Oberwelt bringen«, antwortete Herakles.

»Der Kerberos in der Oberwelt? Ihr Menschen seid schon seltsame Wesen.«

Hades schüttelte den Kopf. Da seine Frau Persephone gerade bei ihm verweilte und nicht in der Oberwelt bei ihrer Mutter Demeter, war er gnädig gestimmt. Ihn amüsierte der Gedanke, wie die Menschen auf das schreckliche Wesen reagieren würden.

»Nimm ihn mit«, sagte er. »Aber du musst ihn ohne Waffen bändigen und mir wieder zurückbringen. Seine Aufgabe hier unten ist wichtig!«

Herakles legte Hades seine Waffen zu Füßen und stellte sich dem Kerberos mit bloßen Händen. Das Ungeheuer knurrte ihn mit gefletschten Zähnen aus drei Köpfen an.

Jeder wäre bei diesem fürchterlichen Anblick schreiend davongelaufen. Herakles aber spuckte sich einmal in die Hände und klemmte die

Köpfe unter seine kräftigen Arme. Sein dickes Löwenfell schützte ihn vor den scharfen Zähnen des Hundes und seiner Schlangen. Schließlich gab Kerberos winselnd nach, so dass Herakles ihn fesseln konnte.

Mit bloßen Händen trug er den Höllenhund zu Eurystheus, der beim Anblick des Kerberos bleich wurde und mit einem Riesensatz in sein Eisenfass sprang. So etwas grauenhaftes hatte er noch nie gesehen.

»Du bist aus meinem Dienst entlassen«, winselte er vom Boden des Fasses. »Und bring dieses schreckliche Vieh von hier fort.«

Er hatte endgültig die Nase voll und wollte Herakles nie mehr sehen.

Froh, ein freier Mann zu sein, brachte Herakles den Kerberos wie versprochen zu Hades zurück. Endlich hatte er Zeit, die Dinge zu erledigen, die er aufgrund seines Dienstes bei Eurystheus hatte aufschieben müssen. Er kehrte nach Troja zurück, um Laomedon zu bestrafen, der ihn um die unsterblichen Pferden betrogen hatte. Er tötete ihn und setzte einen neuen König ein.

Dann ging er zu König Augias, der ihm seinen Lohn verweigert hatte. Er plünderte die Stadt und entmachtete den König.

Danach nahm er an einem Bogenschieß-Wettbewerb in Oichalia teil. Dem Sieger winkte die Hand der schönen Prinzessin Iola. Herakles gewann den Wettbewerb, doch der König von Oichalia verschob die Hochzeit immer wieder. Irgendwann verließ Herakles wutentbrannt die Stadt und tötete in seinem Jähzorn den Prinzen von Oichalia.

Missmutig beobachtete Zeus seinen Sohn. Nach all der langen Zeit hatte er immer noch nicht gelernt, achtsam mit seinen göttlichen Kräften umzugehen.

»Drei Jahre sollst du als Sklave dienen«, urteilte er. »Nutze die Zeit, um darüber nachzudenken, wie du deine Gaben zum Wohle aller einsetzen kannst!«

So erwarb die Königin Omphale Herakles auf dem Sklavenmarkt. Sie hatte Freude daran, den schönen Helden zu besitzen. Sie ließ ihn wilde Bestien aus ihrem Land vertreiben, steckte ihn in Frauenkleider und ließ ihn mit den anderen Sklavinnen Wolle spinnen. Nach diesen drei Jahren war Herakles geläutert und froh, diese Zeit hinter sich gebracht zu haben.

Zurück in Freiheit wollte er endlich wieder eine eigene Familie gründen. Er hatte von der atemberaubenden Schönheit der Prinzessin Deianeira gehört, eine Tochter des Königs Öneus in Kalydon. Wer sie heiraten wollte, musste den Flussgott Acheloos besiegen, der in Form eines Stiers mit einem gehörnten, bärtigen Kopf erschien. Herakles rang ihn nieder und brach ihm ein Horn ab. Das brachte er Deianeira als Zeichen seines Sieges. Die beiden heirateten und bekamen einen Sohn. Endlich kam Herakles zur Ruhe und führte ein zufriedenes Leben.

Eines Tages wollten Herakles und Deianeira einen Fluss überqueren. Am Ufer begegnete ihnen der Kentaur Nessos, ein Mischwesen aus Pferd und Mensch.

»Ich bringe euch sicher auf meinem Rücken über den Fluss«, sagte er. »Normalerweise werde ich dafür bezahlt. Doch der Anblick deiner wunderschönen Frau hat mich verzaubert und ich will euch umsonst sicher übersetzen. Meine einzige Bedingung ist, dass ich deine Frau zuerst trage!«

Sie willigten ein. Kaum hatte Nessos Deianeira an das andere Ufer gebracht, da bedrängte er sie.

»Hiiiilfe, hiiilfe!«, schrie sie aus Leibeskräften. Herakles spannte seinen Bogen und schoss einen der Pfeile ab, die mit dem Gift der Hydra getränkt waren. Schreiend brach Nessos zusammen.

»Fang mein Blut auf«, flüsterte er Deianeira zu. »Es ist mit der Liebe zu dir erfüllt. Solltest du je Zweifel an der Zuneigung deines Mannes haben, tränke sein Hemd mit meinem Blut. So wird er sich wieder in dich verlieben.«

Deianeira glaubte dem sterbenden Kentauren und fing das Blut in einer kleinen Flasche auf, die sie bei sich trug.

Jahre später kam der Tag, an dem Herakles Iola gefangen nahm, die er einst beim Bogenschießen gewonnen hatte und nicht heiraten konnte. Deianeira wurde eifersüchtig und tränkte Herakles' Unterhemd, ganz so wie Nessos es ihr eingeflüstert hatte, mit dem Blut des Kentauren. Doch das Blut war vergiftet und sobald Herakles das Hemd übergezogen hatte, wand er sich vor Schmerzen und wusste, dass seine irdische Zeit abgelaufen war. Er befahl, einen Scheiterhaufen auf dem Berggipfel des Oita zu errichten und ihn, der vor Schmerzen nicht mehr gehen konnte, dorthin zu tragen.

Deianeira begriff, dass Nessos sie belogen hatte, griff zum Schwert und rammte es sich in die Brust. Mit dieser Schuld konnte sie nicht leben.

Der sich windende Herakles war derweil in Oita angekommen. Man bettete ihn auf sein Löwenfell und entzündete das Feuer. Die Flammen brannten lichterloh, die Wolken verdüsterten sich, ein lautes Donnern hallte über den Berggipfel und ein Blitz schlug in den Scheiterhaufen ein. Keine Knochen fanden die Gefährten, nachdem das Feuer niedergebrannt war. Zeus hatte seinen Sohn zu sich geholt. Herakles war unsterblich geworden und es begann ein neues Leben für ihn auf dem Olymp.

JASONS ABENTEUERFAHRT MIT DEN ARGONAUTEN

Das Wasser des Flusses Anauros stand hoch. Äste und Zweige tanzten auf den schnell dahineilenden schlammigen Fluten, die durch die tagelangen Regenfälle bis über die Ufer angeschwollen waren. Jason rückte das Pantherfell zurecht, das er zum Schutz gegen den Regen trug.

Seit er das Pelion-Gebirge verlassen hatte, gingen ihm die Worte seines Ziehvaters Chiron nicht mehr aus dem Kopf. Er liebte den Kentauren, von dem er geglaubt hatte, er sei sein leiblicher Vater. Die Wahrheit war eine andere.

»Du bist der Sohn von König Aison«, hatte Chiron ihm offenbart. »Jetzt ist es an der Zeit, an den Hof von Iolkos zurückzukehren und vom jetzigen Herrscher Pelias deinen rechtmäßigen Platz einzufordern!«

Pelias war ein machthungriger Sohn Poseidons, der seinen Halbbruder Aison die Königsherrschaft entrissen hatte. Aus Sorge um das Leben ihres Kindes hatten die Eltern Jason bei Chiron versteckt. Öffentlich verbreiteten sie die Nachricht, ihr Kind sei bei der Geburt gestorben. So konnten sie unbescholten am Hof des Pelias leben.

Seufzend verstärkte Jason den Griff um seine beiden Speere und trat auf den Fluss zu, um ihn zu überqueren.

Plötzlich vernahm er hinter sich ein Geräusch.

»Auch ich will über den Fluss«, krächzte eine alte Frau, die aus dem Gebüsch trat und skeptisch auf das dunkle Wasser blickte.

Jason kniete sich hin.

»Steig auf! Ich trage dich hinüber«, forderte er die Alte auf. Flink kletterte sie auf seinen Rücken und umklammerte mit beiden Armen seinen Hals.

»Nicht so fest, liebe Mutter. Sonst ersticke ich noch«, sagte Jason lachend und die Alte lockerte ein wenig ihren Griff.

Sicher brachte Jason sie über den Fluss. Bevor er an das Ufer kletterte, blieb eine seiner Sandalen im Schlamm stecken und er fand sie nicht wieder. »Was soll's«, dachte er, setzte die Alte wohlbehalten ab und wünschte ihr eine gute Reise.

Da umhüllte ein goldenes Licht die Greisin und mit offenem Mund sah Jason, wie diese sich in die Göttin Hera verwandelte. Er fiel auf die Knie und senkte seinen Kopf, um sie zu ehren.

»Ich danke dir für deine freundliche Hilfe«, sprach sie zu ihm. »Ich kenne dich und deine Abstammung. Und ich kenne den ehrlosen Thronräuber Pelias, der es versäumt, mir Ehre zu erweisen. Daher verspreche ich dir, dich bis zum Tag zu schützen, an dem Pelias stirbt.«

Erneut umgab Hera ein goldenes, funkelndes Licht und sie verschwand. Jason erhob sich und lief Richtung Iolkos. Sein Herz und seine Gedanken waren leichter mit dem Wissen, unter Heras Schutz zu stehen.

Die Menschen von Iolkos staunten über die seltsame Gestalt, die mitten auf dem Marktplatz stand: An den Füßen fehlte eine Sandale, die schwarzgelockten Haare reichten fast bis zum Boden, die Schultern waren mit einem Pantherfell bedeckt und die Hand umklammerte zwei Speere. Ob es wohl der Gott Apollon war oder sein Bruder Ares, der zu ihnen gekommen war?

Sobald die Höflinge Jason erblickten, eilten sie zu Pelias. Ein Orakel hatte dem König geweissagt, dass ihm ein Mann aus den Bergen mit nur einer Sandale den Tod bringen würde.

Pelias hastete zum Platz, um sich zu überzeugen, ob seine Diener Recht hatten. Mit Furcht sah er, dass dem Mann tatsächlich eine Sandale fehlte. Schnell beruhigte er sein wild klopfendes Herz und sprach den Unbekannten an.

»Woher kommst du und wer sind deine Eltern? Was willst du hier?«

»Ich bin Jason«, sagte Jason, der nicht wusste, dass König Pelias vor ihm stand, arglos. »Der Sohn von König Aison und Polymede. Zwanzig Jahre lebte ich beim weisen Kentauren Chiron und wurde von ihm unterrichtet. Vom Berg Pelion bin ich herabgestiegen, um den Platz einzunehmen, den Zeus meiner Familie einst schenkte! Ein anderer trägt zu Unrecht die Königskrone!«

Dann ging er zum Palast und ließ den fassungslosen Pelias stehen.

Aison weinte vor Freude, als er seinen Sohn erkannte und umarmte ihn. Tagelang feierten sie seine Rückkehr. Schließlich ermutigte die Familie Jason, beim König vorzusprechen und seinen rechtmäßigen Platz einzufordern. Gemeinsam begleiteten sie ihn zu Pelias.

»Deine Mutter ist meine Großmutter. Mein Vater ist derjenige, der vor dir geboren wurde. Ich habe daher laut Gesetz das Recht auf den Thron«, sprach Jason zu Pelias.

»Chiron lehrte mich die Güte und den Wert der Familie. Darum will ich nicht mit dir kämpfen. Kein Leid soll durch einen Bürgerkrieg entstehen. Es ist genug für uns beide da. Behalte die Felder und Herden, die du meinem Vater weggenommen hast. Dafür bekomme ich Krone und Zepter!«

Beschwichtigend und ruhig sprach Jason mit dem König. Der Hofstaat tuschelte aufgeregt miteinander. Solch eine Weisheit hatten sie von diesem jungen Mann aus der Wildnis nicht erwartet.

Pelias blickte von seinem Thron düster auf Jason herab. Seit ihrer Begegnung auf dem Marktplatz hatte er Zeit gehabt, einen Plan zu schmieden, wie er Jason ohne Gesichtsverlust loswerden konnte.

Schließlich lächelte er.

»Lieber Neffe, weise sprichst du. Auch mir liegt das Wohl meines Volkes am Herzen. Ich werde auf deinen Vorschlag eingehen.«

Das Murmeln unter den Anwesenden verstummte. Mit dieser Antwort hatte keiner gerechnet.

»Es gibt jedoch etwas, das mir Kummer bereitet. Unser gemeinsamer

Vorahne Phrixos ist mir im Traum erschienen. Er bittet darum, dass das Goldene Vlies mitsamt seinen Gebeinen von Kolchis zurück in seine Heimat gebracht wird. Ich habe ein Orakel nach meinem Traum befragt. Und dies hat mir bestätigt, dass wir ein Schiff dorthin schicken sollten. Dafür bin ich nun zu alt. Doch du Jason, du bist jung und kräftig. Bringe mir das Goldene Vlies, auf dass die Seele von Phrixos Ruhe findet. Und ich schwöre dir, dass ich zurücktreten und dir Krone und Zepter überreichen werde!«

Jason kannte die Geschichte von Phrixos und Helle, die vor ihrer mordlustigen Stiefmutter auf einem goldenen Widder aus Griechenland fliehen mussten. Auf dem Weg nach Kolchis am östlichen Ende des Schwarzen Meeres rutschte Helle vom Rücken des Tiers und fiel in die Meerenge, die Europa von Asien trennt. Seit dieser Zeit wird diese Stelle Hellespont genannt. Der König von Kolchis nahm Phrixos freundlich auf. Zum Dank opferte er den Gottheiten seinen Widder und spannte das Goldene Fell des Tieres zwischen zwei Eichen im Hain des Ares. Dort wurde es seitdem von einem nie schlafenden Drachen bewacht.

Jason stimmte dem Vorschlag von Pelias zu und mit einem Handschlag besiegelten sie ihre Vereinbarung.

Er wusste, dass er diese Aufgabe nicht allein bewältigen konnte. Daher sandte er Herolde ins ganze Land, die dazu aufforderten, ihn auf diese Abenteuerreise zu begleiten. Auch benötigte er ein schnelles Schiff. Er ließ die Pinien am Pelion fällen und zur Bucht bringen, wo ihn Argos erwartete, den die Göttin Athene geschickt hatte, damit er ihm ein Schiff für fünfzig Ruderer baute. Die Göttin ließ auch ein magisches Eichenholzbrett aus Dodona verbauen, das dem Schiff die Fähigkeit verlieh zu sprechen und so vor Gefahren zu warnen. Sie tauften das Boot Argo.

Nach und nach trudelten die Helden Griechenlands in der Bucht bei Iolkos ein: Herakles und Orpheus, Kastor und Polydeukes, Peleus und Telamon. Sogar Akostos, der Sohn des Pelias, folgte dem Aufruf. Schließlich lagerten über fünfzig Männer in der Bucht. Sie nannten sich die Argonauten, nach dem Schiff, mit dem sie in See stachen.

Der Wind stand gut. Orpheus schlug seine Lyra an, während fünfzig Ruder ins Wasser eintauchten und das Schiff Fahrt aufnahm. Verzaubert lauschten Wellen und Ruderer seinem Gesang, der in ihnen ein warmes Gefühl von Frieden und Zuversicht aufsteigen ließ.

Die erste Insel, die die Argonauten ansteuerten, war Lemnos.

Am Ufer standen bewaffnete Frauen, die grimmig auf die Ankömmlinge blickten. Jason ging mit geöffneten Händen auf sie zu, um ihnen zu zeigen, dass er in friedlicher Absicht kam.

»Wir sind auf der Durchreise nach Kolchis und benötigen frisches Wasser«, sagte er.

Eine Kriegerin mit goldener Rüstung trat hervor. Ihre großen Augen blickten ihn skeptisch an, die vollen Lippen kniff sie zusammen und ihre kleine Nase kräuselte sich leicht. Jasons Herz schlug höher beim Anblick der schönen Frau.

»Hier leben nur Frauen, weil Männer uns verraten haben«, antwortete sie. »Ich bin Hypsipyle, die Herrscherin über Lemnos. Besser ist es, ihr verschwindet wieder!«

»Fluch über die Männer, die solch schöne Frauen betrügen!«, rief Jason. »Ich schwöre bei Zeus und Hera, dass wir nur auf der Durchreise sind, um das Goldene Vlies in unser Heimatland zurückzubringen. Sobald wir unsere Wasservorräte aufgefüllt haben, gehen wir wieder. Weder meine Männer noch ich wollen euch bekämpfen.«

Hypsipyle gefiel Jason, der so sanft und respektvoll mit ihr sprach. So nickte sie schließlich.

Sie luden die Männer zu Wettkämpfen ein und erzählten ihnen ihre Geschichte.

Ihr Unheil begann, als sie aufgehört hatten, Aphrodite in ihrem Tempel zu ehren und Gottesdienste abzuhalten. Zur Strafe hatte die Göttin die Frauen von Lemnos mit einem üblen Körpergeruch bestraft. Die Männer der Insel wollten von da an nicht mehr in ihrer Nähe sein und raubten sich stattdessen Mädchen aus Thrakien, mit denen sie sich vergnügten. Rasend vor Eifersucht töteten sie alle Männer und herrschten seitdem auf der Insel. Allerdings war es so nicht mehr möglich, Nachkommen zu zeugen.

Die Argonauten blieben viele Tage auf Lemnos. Als Aphrodite sah, dass die Liebe endlich auf die Insel zurückgekehrt war, zeigte sie sich versöhnlich. Jason schwor der Königin ewige Treue und gemeinsam zeugten sie zwei Söhne.

Es war Herakles, der sie zum Aufbruch mahnte. Er war auf dem Schiff zurück- und dem ausschweifenden Treiben seiner Kameraden ferngeblieben. Mit tausend Liebesschwüren verabschiedeten sich Jason und Hypsipyle voneinander.

Weiter ging die Reise der Argonauten nach Kyzikos am Kap Arkton. Der König empfing sie freundlich und sie konnten sich mit Lebensmitteln und

Wasser ausrüsten. Am nächsten Tag verließen sie den Hafen. Ein Wind kam auf, den selbst Orpheus mit seinem Gesang nicht beruhigen konnte. Sie holten das Rahsegel ein und stemmten sich rudernd gegen den Sturm. Es hatte keinen Zweck. Sie trieben zurück zur Küste und landeten am Ufer. Es war so düster, dass sie kaum die eigenen Kameraden sehen konnten.

»Angriff«, schrie Herakles, als er Speere in den Schatten erkannte, die hinter den Felsen hervortraten.

Ein wilder Kampf entbrannte, der erst aufhörte, als die Morgensonne über den Horizont kletterte und die Dunkelheit vertrieb.

Fassungslos blickten die Argonauten auf das Schlachtfeld. Der Wind hatte sie zurück nach Kyzikos getrieben. Der König hatte sie in der Dunkelheit nicht erkannt und ging von einem Piratenangriff aus. Daher war er mit seinen Kriegern zur Küste geeilt, um die Eindringlinge abzuwehren. Die Argonauten wiederum hatten den König und seine Männer nicht erkannt.

Jason sank auf die Knie und schnitt sich wehklagend das Haar ab. Vor seinen Füßen lag der König, den er in der Nacht mit seinem Schwert erschlagen hatte.

Zu seinen Ehren blieben sie drei weitere Tage auf Kyzikos und beteiligten sich an den Begräbnisspielen. Dann setzen sie die Reise mit gesenkten Köpfen und in gedämpfter Stimmung fort.

Das Unglück verfolgte sie weiter. In Mysien verloren sie Hylas, der sich in eine Wassernymphe verliebte und von ihr in ihre Quelle gezogen wurde. Herakles sprang seinem Freund hinterher, um ihn zu suchen. Vergeblich. Doch ohne Hylas wollte Herakles nicht länger bei den Argonauten bleiben und verabschiedete sich von ihnen.

Sie durchquerten den Hellespont und kamen zum Land der Bebryker. Hier wollten sie die Wasservorräte an einer Quelle auffüllen. Amykos, der König des Landes, untersagte es ihnen. Da forderte ihn Polydeukes zum Faustkampf heraus. Der König liebte den Faustkampf und nahm die

Herausforderung an. Polydeukes siegte und so konnten sie ohne weiteres Blutvergießen Wasser aus der Quelle schöpfen. Weiter ging ihre Fahrt entlang der thrakischen Küste.

In Thrakien gingen sie beim blinden König Phineus an Land. Mit der Absicht, den König um Nahrungsmittel zu bitten, betraten sie seinen Palast. Ein bleicher, alter Mann saß zusammengekauert auf der Schwelle zum Hof. Die Haut spannte sich auf seinen Knochen.

»Ich grüße euch«, flüsterte die Gestalt mit schwacher Stimme. »Auf euch habe ich gewartet. Bitte helft einem alten König und tragt mich in den Saal. Dort will ich euch alles erzählen, was ihr wissen müsst.«

Erstaunt hoben die Argonauten Phineus an, der leicht wie eine Feder war, und trugen ihn hinein.

»Apollon gab mir die Gabe, in die Zukunft zu sehen. Doch in meinem Übermut offenbarte ich den Menschen zu viel und erzürnte Zeus. Denn ich deckte auch seine Absichten auf«, erzählte Phineus.

»Er blendete mich und schickte die Harpyien zu mir.«

Ein Raunen lief durch die Argonauten. Die Harpyien waren unverwundbare Vögel mit Frauengesichtern. Sturmgöttinnen, die im Auftrag von Zeus Seelen in den Tartaros brachten.

»Seitdem kommen sie nicht, um meine Seele zu rauben, sondern meine Speisen. Sobald das Essen auf meinem Tisch steht, stürzen sie aus dem Himmel herunter, schnappen mir die köstlichen Früchte und das Brot weg und bewerfen mich mit Kot.«

Für einen Moment schwieg Phineus und schnappte nach Luft. Das lange Sprechen strengte ihn an.

»Ich sehe, dass die Söhne von Boreas bei euch sind.«

Kalais und Zetes traten hervor. Ihre Flügel, Zeichen ihrer göttlichen Abstammung, ruhten eingefaltet auf dem Rücken. Phineus tastete nach ihren Händen und hielt sie fest.

»Nur ihr könnt mich von den grässlichen Vögeln befreien!«

Die Zwillinge schworen, ihm zu helfen.

Phineus ließ Speisen auftragen. Kaum stand das ganze Essen vor ihm, da stürzten die Harpyien kreischend vom Himmel auf den Tisch und pickten Früchte, Brot und Fleisch in Sekundenschnelle weg. Anschließend ließen sie ihren Kot lachend auf Tisch und König fallen und verschwanden.

Kalais und Zetes, die versteckt hinter Säulen alles beobachtet hatten, stürzten den Vogelwesen mit gezückten Schwertern hinterher. Eine wilde Verfolgungsjagd begann. Die Zwillinge schlugen immer wieder auf die Vögel ein, konnten sie jedoch nicht töten. Schließlich erschien die Göttin Iris als Botin von Zeus.

»Beendet die Jagd!«, sprach sie zu den Zwillingen.

»Nur, wenn die Harpyien Phineus nicht mehr heimsuchen und ihm das Essen stehlen«, antwortete Kalais.

Die Göttin rümpfte die Nase und protestierte, musste schließlich aber einsehen, dass sie die Zwillinge von ihrem Vorhaben nicht abbringen konnte. So stimmte sie schließlich zu.

Die Harpyien verschwanden in die Tiefe der Erde und kehrten in den Hades zurück. Endlich war König Phineus von seinem Fluch befreit.

Dankbar veranstaltete er ein großes Festmahl für die Argonauten. Der Weinschlauch wurde herumgereicht und Lieder gesungen. Jason erzählte dem König von ihrem Vorhaben.

»Auf eurem Weg nach Kolchis müsst ihr die Symplegaden überwinden. Diese beiden Felseninseln zerquetschen jeden, der an ihnen vorbei will. Eine Taube wird euch den Weg weisen«, gab Phineus ihnen als Rat mit auf ihre Reise.

Reichlich mit Nahrung ausgestattet brachen die Argonauten auf. Je näher sie den Symplegaden kamen, umso lauter wurde das Krachen und Knirschen, das sie hörten. Die schwimmenden Inseln schlugen mit einem ohrenbetäubenden Lärm aufeinander und wichen wieder voneinander zurück.

Jason holte die Taube aus ihrem Käfig, die ihnen Phineus mitgegeben hatte. Sobald die Inseln wieder auseinanderwichen, schleuderte er sie in die Luft, sodass sie zwischen den Felsen durchfliegen konnte. Sie kamen der Taube bedrohlich nah, die hastig weiterflatterte, und schlugen schließlich erneut zusammen. Zwei Schwanzfedern segelten auf das Wasser, ansonsten war die Taube wohlbehalten hindurchgeflogen.

»Ich weiß nun, wie schnell wir rudern müssen, um hindurchzukommen. An die Riemen Männer«, rief Jason seiner Mannschaft zu. Mit Orpheus besprach er den Takt, den der Musiker mit seiner Leier anschlagen sollte, um den Ruderern zu helfen. Sobald die Felsen sich wieder voneinander entfernten, legten sich die Männer in die Riemen und ruderten um ihr Leben. Immer näher kamen die Felswände. Verzweifelt gaben sie all ihre Kraft in den Ruderschlag. Am Ende half ihnen die Göttin Athene und schubste das Boot die letzten Meter aus der Enge, bevor die Inseln erneut krachend zusammenprallten. Die Männer jubelten erschöpft. Sie hatten es geschafft.

Auch auf der weiteren Reise befolgten sie die Anweisungen des blinden Königs Phineus, der ihnen geraten hatte, welche Völker sie besuchen und welche Küsten sie lieber meiden sollten. Endlich tauchte vor ihnen die Mündung des Flusses Phasis auf, der zu Kolchis gehörte. Sie ruderten ein Stück den Fluss hinauf und ankerten in Reichweite der Stadt Aia. Am nächsten Morgen ging Jason zum König Aites, um das Goldene Vlies zu fordern.

Staunend betraten die Griechen die Stadt. Die Häuser waren von Weinranken umgeben, die weiß blühten, und die konischen Dächer strahlten im goldenen Licht der Morgensonne. Die Menschen begrüßten sie freundlich und wiesen sie in Richtung des Palastes.

Auf dem Weg zum Thronsaal begegnete Jason eine Frau. Ihr schwarzes, lockiges Haar floss ihren Rücken herunter und ein goldener Stirnreif hielt ihr die Strähnen aus dem Gesicht. Ihre dunklen Augen blickten ernst, die hohen Wangenknochen waren sanft gerötet und die schmalen, dunklen Augenbrauen leicht zusammengezogen. Als ihr Blick auf Jason fiel, erblühte ein Lächeln auf ihren Lippen.

»Wer seid ihr? Wohin wollt ihr?«, fragte ihn die Unbekannte.

»Wir kommen aus Griechenland und wollen zum König, um unser Recht auf das Goldene Vlies einzufordern«, antwortete Jason.

»Dann kommt!«

Mit einem Kopfnicken forderte sie Jason auf, ihr zu folgen.

Im Thronsaal baten gerade Adlige den König darum, sie dabei zu unterstützen, Räuber von ihren Landgütern zu vertreiben.

»Wen bringst du mir, Tochter?«, rief der König von weitem, als sein Blick auf die schöne Unbekannte an Jasons Seite fiel. Es war Prinzessin Medea, die Jason zum König gebracht hatte.

»Fremde aus Griechenland. Sie sind wegen des Goldenen Vlieses hier.«

Medea stellte sich zur rechten Seite ihres Vaters, König Aites.

»Ihr seid nicht die ersten, die es mir entreißen wollen. Woher nehmt ihr euren Anspruch?«

»Phrixos ist unser Ahnherr. Im Traum ist er Pelias erschienen und bittet darum, mit dem Vlies zurück in seine Heimat gebracht zu werden.«

Nachdenklich blickte Aites auf Jason und seine Männer herab und stützte sein Kinn mit der rechten Hand ab.

»Beweis mir, dass du würdig bist, das Goldene Vlies mit dir zu nehmen. Wenn du zwei Aufgaben erfüllst, die ich dir geben werde, dann soll das Fell euch gehören«, antwortete ihm der König schließlich.

»Zunächst musst du die beiden Stiere, die mir Hephaistos geschenkt hat, vor den Pflug spannen und mit ihnen das Feld vor der Stadt pflügen. In die frischen Ackerfurchen säst du dann Drachenzähne und erntest die daraus entspringende Saat.«

Das klang leicht und Jason stimmte sofort zu. Die Menschen im Saal kicherten und rieben sich die Hände.

»Medea, führe unsere Gäste in ihre Zimmer. Sie sollen heute Nacht hier schlafen.«

Hinter Medea trat unbemerkt die Göttin Aphrodite, von Hera geschickt, und ließ ihr Herz für den jungen Jason entflammen. Bis über beide Ohren verliebt, wollte sie ihm helfen. Sobald sie mit Jason in seiner Kammer allein war, klärte sie ihn über die Prüfung auf.

»Du irrst, wenn du glaubst, dass mein Vater das Vlies großherzig herausgibt. Die Stiere haben Hufe und Mäuler aus Eisen. Sie speien Feuer und zermalmen dich unter ihren Füßen. Aus den Drachenzähnen entspringen Krieger aus Eisen, die dich bekämpfen werden. Keiner hat die Prüfung bisher bestehen können.«

»Ich danke dir für deine Hinweise. Dennoch muss ich es versuchen. Ich gab ein Versprechen, das ich halten will«, sagte Jason mit fester Stimme.

»Dann lass mich dir helfen. Meine Dienerin wird dir heute Nacht eine Salbe bringen, die dich vor dem Feuer schützt. Reibe dich gut am Morgen damit ein. Dann löse einen Streit unter den Eisenmännern aus, indem du unbemerkt einen Stein auf sie wirfst.«

Jason kniete vor Medea, griff nach ihrer Hand und hauchte dankbar einen Kuss auf ihren Handrücken. Ein wohliger Schauer durchlief die junge Frau.

Das gesamte Volk der Stadt stand versammelt vor den Toren, um dem Schauspiel beizuwohnen. König Aites, lediglich mit einem Lendenschurz bekleidet, erwartete Jason bei seinen großen, schwarzen Stieren, die Rauchwolken aus ihren Nüstern hervorschnaubten. Ihre Augen glühten rot wie Feuer.

»Sieh, wie es geht!«, sprach der König und spannte die Stiere vor den Pflug. Willig ließen sie sich von Aites führen. Dann zog er mit ihnen eine lange Furche durch das Feld.

»Nun bist du dran, junger Jason!« Er spannte die Stiere wieder aus und trat zur Seite.

Jason griff zum Geschirr und näherte sich den Stieren. Sie öffneten ihre Mäuler und spuckten Flammen in seine Richtung, so dass er ganz und gar von einer wabernden Feuerlohe umgeben war. Die Menschen murmelten erstaunt, als er daraus unbeschadet wieder hervortrat und die Stiere ins Joch einspannte. Immer wieder wich er ihren Eisenhufen geschickt aus. Zügig pflügte er mit den starken Tieren das Feld vor der Stadt.

Danach warf er die Drachenzähne in die Furchen. Schnell wuchsen daraus Krieger aus Eisen mit Schild und Lanze hervor. So wie ihm Medea geraten hatte, warf Jason einen Stein nach einem der Krieger, ohne dass dieser sehen konnte, von wem er kam. Der Krieger drehte sich wütend um und glaubte, dass sein Hintermann ihn beworfen hatte. Ein Streit entbrannte und bald bekämpften die Eisenkrieger sich untereinander. Den letzten Krieger, der übrig blieb, konnte Jason mit seinem Schwert töten.

Grinsend wandte sich Jason an den König.

»Nun gebt mir wie versprochen das Goldene Vlies!«

Aites Gesicht war vor Wut dunkel umwölkt, und er ballte seine Hände zu Fäusten.

»Morgen sollst du es bekommen«, grollte er und wandte sich ab, um in den Palast zurückzukehren.

In der Nacht feierte Jason mit seinen Männern den Sieg. Wein floss in Strömen und saftige Hähnchen drehten sich an Spießen.

Um Mitternacht trat Medea aus der Dunkelheit ins Licht der Feuer.

»Mein Vater wird dir das Vlies nicht geben. Er plant, euch im Morgengrauen mit seinen Männern zu überfallen.«

Ein enttäuschtes Raunen lief durch die Reihen und die fröhlichen Gespräche verstummten.

»Wenn du mir versprichst, mich mitzunehmen und zu heiraten, werde ich dich zum Hain von Ares führen und dir helfen, das Vlies zu stehlen.«

Jason trat auf Medea zu und umfasste ihre Hände.

»Ich verspreche es!«, flüsterte er.

Medea führte ihn zum Hain mit dem Goldenen Vlies. Ein Drache lag eingerollt um die beiden Bäume, zwischen denen das Fell gespannt war. Seine Schuppen glänzten im Mondlicht und Rauchwolken stiegen bei jedem Atemzug aus seinen Nasenlöchern hervor. Sobald er die Anwesenheit der Menschen spürte, öffnete er die Augen und hob den Kopf. Schnell träufelte Jason ein Schlafpulver, das ihm Medea zuvor gegeben hatte, in die Augen des Drachen. Seine Lider sanken herab, und er legte den Kopf auf den Boden zurück. Er war eingeschlafen.

Jason nahm das Vlies und eilte mit Medea zum Schiff. Die Argonauten hatten derweil ihr Lager geräumt und das Boot für eine schnelle Abreise vorbereitet.

Gemeinsam mit Medea verließ Jason Kolchis, um nach Griechenland zurückzukehren.

Nach einigen Irrwegen, weil sie sich nicht an den Rat des weisen Sehers Phineus gehalten hatten, gelangten sie viele Wochen später endlich wieder an ihre Heimatküste. Orpheus stimmte einen Heldengesang auf ihre Reise an und gemeinsam durchlebten sie alle schönen wie traurigen Augenblicke noch einmal.

Jason dankte ihnen für ihren Heldenmut und weihte die Argo dem Gott Poseidon. Die Argonauten verstreuten sich in ganz Griechenland, um nach neuen Abenteuern zu suchen. Jason heiratete wie versprochen Medea.

Von den Menschen in Iolkos hörte Jason, dass der König überall herumerzählt hatte, dass die Argos gesunken und Jason mit ihr untergegangen sei. Jasons Vater Aison war daraufhin vor Kummer gestorben.

Medea ahnte, dass der machtgierige Pelias die Königswürde nicht freiwillig abgeben würde. Auch war sie traurig über den großen Kummer, der Jason bei der Nachricht über den Tod seines Vaters ergriffen hatte. Daher ging sie in den Palast und stellte sich den Töchtern des Königs als zauberkundige Frau vor.

»Ich weiß, wie ihr euren alten Vater verjüngen könnt, damit er noch lange herrschen kann. Wollt ihr es wissen?«, fragte sie die Töchter. Diese nickten wissbegierig.

Medea tötete ein kleines Lamm, zerstückele es in drei Teile und kochte es anschließend in einem Kessel. Mit ihren Zauberkräften ließ sie das

Lamm wieder gesund und munter aus dem Kessel hervorspringen. Die Mädchen eiferten Medea nach und töten so ihren eigenen Vater. Heras Rache an Pelias war damit erfüllt und ihr Schutz über Jason aufgehoben.

Pelias Sohn Akastos begrub seinen Vater. Und obwohl sie gemeinsam so viele Abenteuer bestritten hatten, vertrieb er Jason und Medea aus Iolkos. Sie flohen nach Korinth. Viele Jahre konnte Jason die grausame Tat seiner Frau nicht vergessen und wollte die Ehe mit ihr schließlich auflösen und stattdessen die Tochter des Königs Kreon heiraten. Aus Eifersucht tötete Medea erst die Prinzessin und dann ihre eigenen gemeinsamen Kinder mit Jason. Dann verließ sie Korinth, um ein neues Leben zu beginnen.

Ohne Königskrone, Kinder und Frau versank Jason in trüben Gedanken. Tag um Tag lag er bei seinem Schiff Argo und träumte von der Zeit mit den Argonauten. Das Schiff verfiel mit der Zeit, sank ebenso in sich zusammen wie Jason. An einem Herbsttag riss eine Windböe einen Teil der morschen Planke ab. Diese fiel auf den darunter schlafenden Jason und erschlug ihn mitten in seinem Traum vom Goldenen Vlies.

KÖNIG MINOS

Langsam schlenderte Europa am Strand von Sidon entlang, um Muscheln zu sammeln. Es war heiß, so dass sie ihr weißes Gewand hochgebunden hatte. Ihre Arme und Beine schimmerten wie Perlmutt im Sonnenlicht. Im Hintergrund lachten ihre Freundinnen und trieben Späße mit dem Sklaven Aleph. Sie steckten ihm Blumen in die Haare und Falten seines Gewandes.

Europa stutzte, als sie einen Schatten sah, der sich langsam von der Rinderherde löste, die unter den Palmen döste. Ein weißer Stier kam auf sie zu, näherte sich behutsam und blickte sie mit sanften Augen an. Vorsichtig streckte Europa ihre Hand aus und der Stier schnüffelte daran. Schließlich stupste er sie mit der Nase. Europa lachte.

»Du willst wohl gestreichelt werden!«, rief sie entzückt. Mit den Fingern liebkoste sie das seidige Fell und tastete nach den harten Muskeln darunter. Er war so wunderschön und zutraulich. Schließlich kniete der Stier sich vor ihr hin und schaute sie auffordernd an. Europa stieg auf seinen Rücken und hielt sich an den Hörnern fest.

Da erhob sich der Stier, trabte langsam zum Meer und sprang ins Wasser. Europa schrie vor Angst auf. Mit seinen kräftigen Beinen schwamm er immer weiter hinaus. Schnell verschwand die Küste von Phönizien. Ein goldenes, wärmendes Licht ging vom Stier aus, umhüllte Europa sanft, die sich vertrauensvoll am Stier festhielt. Zwei Tage und eine Nacht schwamm er mit ihr, als am Horizont die Küste einer Insel auftauchte, auf die der Stier zuhielt. Sobald sie das Ufer erreicht hatten und wieder auf festem Boden standen, rutschte Europa vom Stier herunter. Das Tier verwandelte sich und zeigte ihr seine wahre Gestalt: Es war Zeus. Der Gott nahm ihre Hand. Sanft hauchte er einen Kuss auf die blasse, zarte Haut des Mädchens. Dann führte er sie in einen Olivenhain und dort liebten sie sich.

Drei Söhne zeugte Zeus mit Europa: Minos, Rhadamanthys und Sarpedon. Bevor er zum Olymp zurückkehrte, sorgte Zeus dafür, dass Europa den kretischen Herrscher Asterion heiratete, zu dessen Insel er Europa gebracht hatte. Der König konnte keine eigenen Kinder bekommen. Er liebte die schöne Europa über alles. Daher adoptierte er ihre Söhne und behandelte sie, als ob es seine eigenen wären.

Als der König starb, stritten Minos, Rhadamanthys und Sarpedon darum, wer sein Nachfolger sein sollte. Minos bat schließlich Poseidon darum, ihm etwas zu schicken, das seine Herrschaft sichern sollte.

»Was immer du mir schickst, ich werde es dir zu ehren opfern!«, flehte er.

Poseidon erhörte ihn und schickte einen weißen Stier, der von den Wellen ans Land gespült wurde. Prachtvoll und groß stellte er sich an Minos' Seite. Sein Fell glänzte silbern im Licht und er scharrte stolz mit seinen schwarzen Hufen. Die Brüder erkannten Minos daraufhin als König an.

Minos gefiel die Schönheit und die Stärke des Stiers so gut, dass er ihn behalten und mit seinen Rindern paaren wollte. Er wählte ein anderes Tier aus seiner Herde, das er dem Meer opferte. Poseidon aber ließ sich nicht täuschen. Er tobte in seinem Palast am Meeresboden und überlegte, wie er Minos für sein gebrochenes Versprechen bestrafen sollte. Schließlich bat er Aphrodite darum, Minos' Frau Pasiphae mit einem Liebeszauber zu belegen, damit sie sich unsterblich in den weißen Stier verliebte.

Jedes Mal, wenn sie den Stier sah, durchströmte Pasiphae ein ungebändigtes Verlangen. Sie träumte sogar nachts von ihm. Schließlich bat sie den Baumeister ihres Mannes darum, ihr ein Gestell zu konstruieren, dass ihr dabei helfen sollte, sich vom Stier begatten zu lassen. Der Mann mit Namen Daidalos baute ihr aus Holz eine Kuh, über die er Felle legen ließ. Pasiphae schlüpfte in die Konstruktion und wartete auf den schönen Stier. Dieser kam und ließ sich täuschen. Sie wurde schwanger und gebar ein monströses Wesen: einen Menschen mit Stierkopf. Sie gab ihm den Namen Minotaurus.

Minotaurus war wild und ungezügelt. Je größer er wurde, desto weniger ließ er sich bändigen. Er tötete Menschen, die nichts ahnend am Palast von Knossos vorbeikamen, und fraß sie auf. Die Menschen beklagten sich bitterlich darüber bei ihrem König.

Minos beauftragte schließlich Daidalos, ein Labyrinth zu bauen, in das er das Monster einsperrte. Es kam nun zwar nicht mehr heraus, musste aber weiterhin mit Menschenfleisch gefüttert werden.

Da kam es dem König gerade recht, dass er einen Krieg gegen Athen gewonnen hatte. Als Tribut forderte er von den Athenern, dass sie ihm jedes Jahr sieben junge Frauen und Männer schicken sollten. Diese ließ er ins Labyrinth bringen, wo der Minotaurus sie verschlang.

So kehrte wieder Ruhe ein. Bis sich eines Tages Theseus unter den jungen Menschen befand. Er war gekommen, um sich dem Minotaurus zu stellen.

THESEUS

Seit seiner Abreise aus Delphi fluchte König Ägeus innerlich jeden Tag über die rätselhafte Priesterin. Und darüber, dass er die lange Reise von Attika überhaupt auf sich genommen hatte, um Antworten zu finden.

Zweimal hatte er geheiratet. Doch mit keiner Frau konnte er einen Sohn zeugen, der seinen Thron beerben könnte. Sein Bruder Pallas hingegen war gleich mit fünfzig Söhnen gesegnet, die darauf warteten, die Herrschaft über Attika anzutreten.

»Löse das Ende des vorstehenden Weinschlauchs nicht, bevor du nach Athen zurückgekehrt bist!« Das hatte ihm die Priesterin auf seine Frage, wie er zu einem Sohn kommen konnte, geantwortet.

»Was meint sie in Zeus Namen bloß damit?«, grummelte er zum Hundertsten Mal in seinen Bart. Schließlich hielt er sein Pferd mit einem Ruck an.

»Lasst uns nach Nordosten zu Pittheus reiten«, rief er seinen Leibwächtern zu, die ebenfalls anhielten und sich achselzuckend anblickten. Pittheus war über die Grenzen von Attika hinaus für seine Weisheit bekannt. Er könnte den Orakelspruch bestimmt für ihn entschlüsseln. Selbst wenn nicht, so gab es bei ihm immer noch den besten Wein Griechenlands zu trinken. Zufrieden mit seinem Einfall drückte er die Fersen in die Flanken seines Rappens und galoppierte los.

Pittheus empfing Ägeus mit ausgebreiteten Armen und begrüßte seinen königlichen Freund aus Athen herzlich.

»Was verschafft mir die Freude deines Besuches?«, fragte er und drückte ihm freundlich den Unterarm.

»Ich komme aus Delphi und bin genauso ratlos wie vorher!«

»Das ruft nach gutem Essen und gutem Wein dazu«, lachte Pittheus und führte den Freund in sein Haus.

Dort berichtete Ägeus von seinen Sorgen, keinen Thronfolger zu haben, den fünfzig Neffen, die ihm im Nacken saßen und nur auf sein Ableben warteten, sowie seiner Reise nach Delphi, um vom Orakel eine Lösung für seine Not zu finden.

»Du sollst das vordere Ende des Weinschlauchs nicht lösen? Sehr geheimnisvoll«, sagte Pittheus nach dem Ägeus seine Geschichte beendete hatte. »Und du hast keine Ahnung, was damit gemeint sein könnte?«

Ägeus schüttelte hilflos seinen Kopf.

»Vielleicht finden wir im Wein Antworten«, scherzte Pittheus, der entgegen seinen Behauptungen sehr schnell erkannt hatte, was die Seherin Ägeus hatte mitteilen wollen. Erst in Athen angekommen, sollte er Wein trinken. Dann wäre seine Lust so groß, dass er endlich mit seiner Frau ein Kind zeugen könnte.

Wein entfacht also das Feuer meines Freundes, dachte er und winkte seinem Diener zu, der sofort mit der Weinamphore herbeieilte und ihnen nachschüttete. Der Abend mündete in ein fröhliches Trinkgelage, bei dem die Beiden sich gegenseitig mit unanständigen Witzen übertrumpften. Zu später Stunde winkte Pittheus seine Tochter Äthra herbei. Sie war noch immer unverheiratet und auch Pittheus wollte seine Thronfolge gesichert haben. So schickte er den betrunkenen Ägeus mit Äthra ins Bett.

Am nächsten Morgen wachte Ägeus mit schwerem Kopf auf und sah Äthra neben sich liegen. Ein seltsames Kribbeln durchfuhr seinen Körper. In dieser Nacht war etwas geschehen. Er küsste Äthra auf die Stirn. Dann stand er auf und zog sich an.

»Ich muss nach Athen zurückkehren«, sagte er. Äthra begann zu weinen, denn sie hatte gehofft, dass er bleiben würde.

»Komm mit mir«, forderte er sie auf. Sie gingen ein paar Schritte vom Anwesen fort, bis es zwischen Bäumen und Felsen nicht mehr zu sehen war. Ägeus hob einen großen Stein hoch und vergrub darunter sein Schwert und seine Sandalen.

»Ich spüre, dass wir heute Nacht ein Kind gezeugt haben. In Athen ist das Kind nicht sicher. Sollte es ein Sohn werden, so soll er mit Schwert und Sandalen nach Athen kommen, sobald er stark genug ist, den Stein anzuheben. Ich werde ihn daran erkennen und ihn als meinen Erben annehmen.«

Ein letztes Mal umarmten sich beide innig, dann verschwand Ägeus.

Neun Monate später gebar Äthra tatsächlich einen Sohn. Sie gab ihm den Namen Theseus. Wohlbehütet wuchs er in Pittheus' Palast auf. Schon als Kind war er stark und mutig. Er bewunderte Herakles, der häufig als Gast bei Pittheus einkehrte und lauschte mit verklärten Augen den Geschichten, die der Held erzählte. Als er sechzehn wurde, führte ihn Äthra zum Felsen.

»Heb ihn hoch, mein Sohn!«

Ohne jegliche Mühe hob Theseus den schweren Stein an und fand darunter die Sandalen und das Schwert.

»Beides gehört deinem Vater Ägeus. Er ist der König von Athen. Bring ihm die Gegenstände zurück und du wirst deinen Platz als sein rechtmäßiger Erbe einnehmen können.«

Seine Mutter schärfte ihm ein, den sicheren Seeweg nach Athen zu nehmen. Doch Theseus wollte seinem Vorbild Herakles nacheifern und durch Heldentaten berühmt werden. Daher wählte er den gefährlicheren Landweg.

Nicht lange war Theseus die Küste entlanggewandert, da trat aus den Büschen aus wilder Myrte und Zistrose ein grimmig blickender Mann. In seinen Händen hielt er eine gewaltige Keule, die mit Bronze ummantelt war. Es war der berüchtigte Räuber Periphetes. Theseus hob kurz die Augenbrauen, entrang ihm die Keule und erschlug damit den Räuber. Die Keule gefiel ihm so gut, dass er sie mitnahm und seitdem immer bei sich trug.

In der Nähe von Korinth traf er auf den sadistischen Schurken Sinis, der auch Fichtenbeuger genannt wurde. Denn er band seine Opfer zwischen zwei heruntergebogenen Fichten fest und schnitt dann die Seile los, die die Bäume unten hielten. So wurden seine Opfer in der Luft zerrissen. Auch hier fackelte Theseus nicht lange, sondern rang Sinis mit seiner jugendlichen Kraft nieder und tötete ihn auf die gleiche Art, wie Sinis es mit seinen Opfern getan hatte.

Bei Krommyon hörte er von einer riesigen Wildsau, vor der sich die Menschen fürchteten. Theseus erlegte sie mit dem Schwert.

Auf seinem Weg durch das Gebiet von Megara traf er im Kranichgebirge auf Skiron, der ihm befahl, seine Füße zu waschen. Er befand sich an einer Stelle des Saumpfades, an der auf der einen Seite steil ansteigende Bergwände aufragten und es auf der anderen senkrecht zum Meer herab ging. Von Skiron hatten ihm Wanderer erzählt, denen er auf seinem Weg begegnet war. Sobald sich seine ahnungslosen Opfer zum Waschen herabbeugten, trat Skiron sie mit dem Fuß von den Klippen ins Meer, wo eine Riesenschildkröte schon darauf wartete, den so Überraschten aufzufressen.

Theseus packte Skiron und schleuderte ihn weit ins Meer hinaus. Der Kopf der Riesenschildkröte tauchte aus dem Wasser empor, packte den schreienden Skiron mit seinem Maul und zog ihn in die Tiefe.

Bei Eleusis zwang Kerkyon Theseus zu einem Ringkampf. Er war dafür berüchtigt, dass er seine Gegner im Kampf umbrachte. Doch auch Kerkyon konnte der Kraft des jungen Helden nichts entgegensetzen. Theseus hob ihn hoch und zerschmetterte ihn auf dem Boden.

Kurz vor Athen, die Stadt war schon in der Ferne auf dem Hügel zu sehen, traf Theseus auf einen letzten finsteren Schurken. Es war der Riese Prokrustes. Freundlich bot er vorbeikommenden Wanderern eine Unterkunft in seinem Haus an. Sobald sie in seinem Bett lagen, tötete er sie und raubte sie aus. Waren die Menschen zu lang für das Bett, so hackte er ihnen die Füße ab. Waren sie zu kurz, so streckte er sie gewaltsam, bis sie an das Bett angepasst waren. Theseus brachte Prokrustes auf die gleiche Art in dessen Bett um.

Schließlich kam er nach seiner langen Wanderung endlich in Athen an. Bevor er die Stadt betrat, wusch er sich in einem Fluss und opferte Zeus, um sich vom ganzen Blut zu reinigen, das er vergossen hatte. Sein Ruf war ihm mittlerweile vorausgeeilt und so wurde er freundlich in Athen empfangen.

König Ägeus hatte Jahre nach seiner Reise zum Orakel erneut geheiratet. Seine neue Frau war die Zauberin Medea, die aus Korinth geflohen war. Sie wusste durch ihre magische Kraft, dass Theseus Ägeus' Sohn war und hasste ihn dafür. Ihr eigener Sohn sollte der neue König von Athen werden. Dafür allerdings musste sie Theseus unschädlich machen.

»Dieser Jüngling ist gekommen, um dir die Herrschaft zu rauben«, flüsterte sie ihrem Gatten ein. Der König entwickelte eine so große Angst vor Theseus, dass er sich bereit erklärte, ihn zu vergiften.

Sie empfingen den Gast im Tempel des Apollon zu einer Opferzeremonie. Der König selbst reichte dem Sohn den vergifteten Becher. Theseus nahm ihn entgegen und stellte ihn auf dem Tisch. Dann zog er das Schwert und legte es vor Ägeus auf den Tisch.

»Zerteile hiermit das Opferfleisch«, sagte er. Dann hob er den Becher, um ihn an seine Lippen zu führen.

Ägeus' Augen weiteten sich, als sein Blick auf den Schwertgriff aus Elfenbein fiel.

»Stopp!«, rief er und sprang auf. Er schaute auf Theseus' Sandalen und erbleichte. »Trink nicht!«

Er schlug den Becher aus Theseus' Hand. Krachend fiel er zu Boden, wo sich eine zischende Lache bildete.

Wütend drehte sich der König zu Medea um.

»Gib zu, du hast es gewusst!«, rief er.

Medea lachte spöttisch und verschwand in einer grünen Nebelwolke.

»Mein Sohn!«

Ägeus weinte vor Freude und umarmte Theseus. Vater und Sohn waren vereint. Medea hingegen wurde aus Athen verbannt.

Ägeus wollte seinen abenteuerlustigen Sohn auf keinen Fall verlieren und sorgte dafür, dass er im Palast genügend beschäftigt war. Doch Theseus hatte vom Stier von Marathon gehört, jenem Tier, das König Minos von Poseidon als Zeichen seiner Königswürde erhalten und dem Gott nicht geopfert hatte. Der Stier war wild und brachte in seiner Raserei Menschen um.

Theseus schlich sich heimlich aus dem Palast und begab sich auf die Suche. Heiter trat er dem Stier entgegen und packte ihn an den Hörnern. Dann drückte er seine Finger in die Nasenlöcher des Tieres. Der Stier schnaubte wütend, konnte sich jedoch nicht wehren. So folgte er Theseus nach Athen, wo der Held jubelnd empfangen wurde. Theseus opferte den Stier Apollon.

Ein wenig später kam der Tag, an dem die Athener König Minos sieben Jungfrauen und sieben Jünglinge als Tribut für einen verlorenen

Krieg schicken mussten, die dann zum Minotaurus ins Labyrinth geschickt wurden.

Als Theseus davon erfuhr, meldete er sich freiwillig.

Ägeus war entsetzt.

»Fahr nicht, mein Sohn«, flehte er.

»Vater«, antwortete Theseus. »Ich werde Athen von diesem grausamen Tribut befreien. Hab keine Angst. Ich werde wieder zu dir zurückkehren!«

Als er merkte, dass er seinen Sohn nicht umstimmen konnte, gab Ägeus schweren Herzens nach.

»Ich werde auf den Felsen nach deinem Schiff Ausschau halten. Hiss weiße Segel, dann weiß ich, dass du unversehrt wieder heimgekehrt bist!«

Theseus versprach es und bestieg das Schiff, das zum Zeichen der Trauer für die Opfer mit schwarzen Segeln bestückt war.

Kaum angekommen, wurden alle in den Palast von Knossos gebracht. Dort wartete König Minos mit seiner Tochter Ariadne auf die Opfer. Als Ariadnes Blick auf Theseus fiel, verliebte sie sich sofort in den schönen, stattlichen jungen Mann. So heiter und gelassen stand er in dieser Gruppe ängstlicher Menschen, dass auch Ariadnes Herz fröhlich wurde.

Theseus trat vor den König.

»Ich will der Erste sein, der ins Labyrinth geht«, sprach er bestimmt.

Minos lachte.

»Dann gehe als Erster mutig in den Tod. So sei es!«

Er winkte seinen Wachen zu, die Theseus zu einer Kammer am Eingang des Labyrinths brachten. Am nächsten Morgen sollte er gehen.

In der Nacht schlüpfte Ariadne in sein Gemach.

»Schwöre, dass du mich als deine Frau mit nach Athen nimmst und ich werde dir helfen!«

Lange schaute Theseus Ariadne an. In den Augen der schönen Königstochter blitzte ein Feuer, das ihm gefiel.

»Ich schwöre es dir!«, versprach er und streckte vorsichtig seine Hand in ihre Richtung aus. Ariadne ergriff sie und Theseus spürte darin einen Garnknäul.

»Mit diesem Garn findest du den Weg aus dem Labyrinth wieder heraus. Befestige es am Eingang und wickele es auf deinem Weg ab.«

Dann zog sie unter ihrer Kleidung ein Schwert hervor und legte es vor ihm auf den Boden.

»Vergiss mich nicht!«

Sie schenkte ihm ein Lächeln und verschwand.

Am frühen Morgen ging Theseus voller Zuversicht ins Labyrinth. Wie Ariadne es vorgeschlagen hatte, befestigte er das eine Ende des roten Fadens an einem großen Stein auf dem Boden und wickelte das Garn mit jedem Schritt weiter ab.

Der Minotaurus hauste tief im Inneren des Labyrinths. Sobald er Theseus' Witterung aufgenommen hatte, brüllte er so laut, dass die Wände bebten. Das Stampfen seiner Füße donnerte dröhnend durch die engen Gänge. Schon bald standen sich der schnaubende Minotaurus und Theseus Auge in Auge gegenüber. Theseus blieb ruhig beim Anblick der monströsen Gestalt, die halb Mensch, halb Stier war. Die Nüstern blähten sich weit auf und Geifer tropfte aus dem weit aufgerissenen Maul. Während der Minotaurus mit roher Gewalt auf ihn losstürmte, wartete der junge Held besonnen ab. Als das Monster so nah bei ihm war, dass er dessen stinkenden und heißen Atem im Gesicht spürte, durchbohrte er es mit dem Schwert. Der Minotaurus schrie überrascht und schmerzerfüllt auf. Theseus stieß erneut zu, bis das Ungeheuer tot zu seinen Füßen lag.

Mit Hilfe des Fadens kehrte er zum Ausgang des Labyrinths zurück. Er fluchte, als er bemerkte, dass die Tür verschlossen war und hämmerte dagegen.

Ein Schlüssel wurde im Schloss gedreht und die Tür sprang auf. Ariadne lächelte ihn erleichtert an.

»Du hast es geschafft!«, rief sie begeistert.

Hand in Hand liefen sie durch die verwinkelten Gänge des Palasts und befreiten die jungen Frauen und Männer aus Athen. Gemeinsam bestiegen sie das Schiff, das noch immer im Hafen wartete. Schnell lösten sie die Leinen und legten ab. Erst als Kreta hinter ihnen am Horizont verschwand und sie kein Schiff ausmachen konnten, das sie verfolgte, atmeten alle erleichtert auf. Sie waren entkommen.

Unterwegs ankerten sie an der Insel Naxos, um ihre Flucht zu feiern. Am nächsten Morgen blickte Theseus dankbar auf die schlafenden Ariadne herab, die wunderschön und friedlich aussah. Theseus wollte sich gerade herabbeugen, um sie zu wecken, als eine Hand ihn zurückhielt. Die Göttin Athene stand an seiner Seite.

»Sie ist nicht für dich bestimmt«, sagte sie. Ein tiefer Schmerz durchfuhr Theseus und er senkte unglücklich den Kopf. Leise schlich er davon, um Ariadne nicht zu wecken, und kehrte ohne sie auf das Schiff zurück. Ohne zu fragen, zogen die Männer den Anker hoch und setzten die Segel.

Ariadne erwachte und lief zum Strand. Das Schiff war fort. Sie weinte und schrie vor Enttäuschung und Schmerz. Ihr Klagen war so laut, dass es bis hoch in den Olymp zum Gott Dionysos drang. Er eilte in Begleitung seiner Satyrn herbei. Die Satyrn tanzten mit ihren Pferdefüßen fröhlich um den Gott herum. Ihre Pferdeohren standen aufrecht und die großen Augen blickten weit aufgerissen um sich. Sogleich jagten sie einer Nymphe hinterher, die neugierig zwischen den Bäumen auf das bunte Treiben geschaut hatte.

Als Dionysos Ariadne sah, verliebte er sich sofort in sie.

»Komm mit mir, schöne Prinzessin«, bat er sie und hielt ihr seine Hand hin.

Zaghaft streckte Ariadne ihren schmalen und bleichen Arm in die Richtung des Gottes, der ihre Hand sanft mit seinen warmen und starken Fingern umschloss. Er nahm sie mit zum Olymp, wo sie heirateten.

Theseus versank tief in seinem Kummer und konnte das Bild der schlafenden Ariadne, die er zurückgelassen hatte, nicht vergessen. Erst der Anblick der Heimatküste heiterte ihn wieder auf. Er stand an der Reling und blickte in Richtung des Hafens von Piraeus, der immer näherkam.

»Die Segel«, schrie Theseus auf und blickte zur Takelage hoch.

Sie waren schwarz. Er hatte nicht mehr daran gedacht, die weißen Segel aufspannen zu lassen, so wie er es seinem Vater versprochen hatte.

König Ägeus war wie jeden Tag zur Akropolis gegangen, um in der Ferne nach dem Schiff Ausschau zu halten. Auch an diesem Morgen wartete er wieder hoch oben, und als er die schwarzen Segel erblickte, brach sein Herz. Die Verzweiflung über den vermeintlichen Verlust seines Sohnes war so groß, dass er sich vom Felsen ins Meer stürzte. Seitdem heißt es das Ägäische Meer.

Mit schwerem und traurigem Herzen übernahm Theseus die Herrschaft von seinem Vater als neuer König von Athen. Die Menschen liebten ihn, denn er herrschte weise und umsichtig. Ihm gelang es, die zwölf Stadtstaaten in Attika zu einen.

Die Abenteuerlust aber verließ ihn nie. Er schloss Freundschaft mit Herakles, den er in seiner Jugend so verehrt hatte und zog mit ihm ins Land der Amazonen. Er heiratete die Amazonenkönigin Hippolyte und hatte mir ihr einen Sohn. Seine große Risikobereitschaft brachte ihm allerdings auch Schwierigkeiten ein. Als er seinem Freund Peirithoos dabei helfen wollte, Persephone, die Frau von Hades zu entführen, saß er in der Unterwelt fest und konnte nicht mehr entkommen. Erst durch seinen Freund Herakles wurde er befreit.

Dennoch verehrten ihn die Menschen, weil er ein König war, der dem Volk sehr nahestand. Seine Heldentaten brachten Athen einen ruhmreichen Ruf. Nach seinem Tod auf Skyros holten die Athener seine sterblichen Überreste zurück in die Stadt und errichteten ihm einen Tempel.

DAIDALOS UND IKAROS

Vom Fenster des Turms aus blickte Daidalos bis zum Hafen, wo die Schiffe von König Minos ankerten. Die weißen Rahsegel hingen zusammengerollt an den Masten und Seeleute flickten die Lederbespannung der Kajüten. Den Bug zierten Ornamente von Tieren und Blumen. Die kürzlich zurückgekehrten Kriegsgaleeren trugen noch ihren keilförmigen, mit Spitzen bewehrten Rammsporn am Heck. Eine wichtige Waffe im Kampf mit Piraten und gegnerischen Kriegsschiffen. Mit dieser Flotte beherrschte der König das ägäische Meer.

Die Schiffe waren unerreichbar für Daidalos. Eingesperrt im Turm grübelte er seit Wochen und Monaten über einen Weg, wie er mit seinem Sohn Ikaros von Kreta entkommen konnte.

Sein Geist benötigte die Herausforderung, Dinge zu erfinden. So viele Ideen schwirrten noch in seinem Kopf herum. Der Bau des Minotaurus-Labyrinths mit seinen verwinkelten Wegen, die in die Irre führten, hatte seine Leidenschaft für knifflige Rätsel angesprochen. Keiner konnte hinausgelangen, allein Theseus war es gelungen. Und das auch nur, weil Daidalos der schönen Ariadne den Trick mit dem Faden verraten hatte. Unter ihren bettelnden Blicken war er schwach geworden. Nach Ariadnes und Theseus‘ Flucht hatte König Minos ihn gemeinsam mit seinem Sohn Ikaros in den Turm gesperrt und allen die Anweisung erteilt, sie nicht von der Insel zu lassen.

Auch hier war er also genau wie in Athen in Ungnade gefallen. Und alles nur, weil sein Neffe Perdix damals so begabt und wissensdurstig gewesen war! Aus Eifersucht und Furcht, dass der Junge ein größerer Erfinder werden könnte als er selbst, hatte er eine schreckliche Tat begangen. Perdix‘ ungläubigen Blick, als er ihn vom Dach der Akropolis hinabstürzte, würde er sein Leben nicht vergessen. Danach musste er fliehen. König Minos war stolz und dankbar gewesen, ihn, den berühmten Erfinder, in seinen Dienst zu nehmen. Die Vergangenheit hatte ihn nicht geschert. Jetzt war die Dankbarkeit verflogen und Daidalos saß gemeinsam mit Ikaros fest.

Möwen flogen über das Hafenbecken. Ihr lang gezogener Ruf klang wie das Miauen von Katzen. Lange lauschte er ihrem Kreischen.

»Vögel kommen überall hin«, murmelte er. Und eine Idee keimte in ihm auf. Er spürte ein wohliges Flattern im Bauch. Seine Genialität war zurückgekehrt.

»Und du glaubst, das funktioniert?«, fragte Ikaros seinen Vater und blickte skeptisch auf die Flügel, die angeschnallt an seinen Armen befestigt waren.

»Hat je eine Idee von mir nicht funktioniert?«, antwortete Daidalos, der ebenfalls Flügel trug. Wochenlang hatte er Federn gesammelt und sie mit Wachs verbunden, damit sie zusammenhielten.

»Aber fliege nicht zu nah an die Sonne«, warnte er seinen Sohn. »Das Wachs würde schmelzen und die Federn auseinanderfallen. Vermeide es auch, dem Wasser zu nah zu kommen. Denn die Gischt könnte die Flügel durchnässen und du stürzt ab.«

»Alles klar, Vater«, antwortete Ikaros. »Nicht zu nah an die Sonne und nicht zu nah an die Wasseroberfläche!«

Beide standen auf der Turmspitze. Aufgeregt flatterte Ikaros probehalber mit den Flügeln. Wind fing sich darunter und er spürte, wie es ihn anhob.

»Es funktioniert«, rief er begeistert.

Dann stürzten Vater und Sohn sich vom Turm und flogen davon. Sie segelten über die Schiffe am Hafen hinaus auf das offene Meer und überflogen die Inseln Delos und Samos.

»Fliegen ist einfach wundervoll«, lachte Ikaros und schlug übermütig mit den Flügeln. Immer höher stieg er auf.

»Pass auf«, rief Daidalos besorgt, je höher Ikaros aufstieg. Sein Sohn war berauscht davon, fliegen zu können. Er wollte möglichst hoch hinaus und jeden Vogel übertreffen. Je näher er der Sonne kam, desto wärmer wurde es und das Wachs fing an zu schmelzen. Erst als die ersten Federn sich lösten, bemerkte Ikaros, dass etwas nicht stimmte. Hektisch schlug er mit den Flügeln und verlor damit noch mehr Federn. Die Luft trug ihn nicht mehr und entsetzt musste Daidalos mit ansehen, wie sein Sohn schreiend ins Meer stürzte. Sein lebloser Körper wurde an das Ufer einer Insel gespült. Dort begrub ihn sein Vater. Zu Ehren des verstorbenen Sohnes taufte er die Insel Ikaria.

Daidalos landete unversehrt auf Sizilien, wo er Zuflucht beim König Kokalos fand. Minos jedoch wollte seinen Erfinder zurückhaben und schickte seine Flotte aus, um ihn zu suchen. Um Daidalos ausfindig zu machen, überlegte er sich ein Rätsel, das nur der gewiefte Erfinder und Techniker lösen konnte.

Daidalos konnte der Denksportaufgabe nicht widerstehen und löste sie. Er erzählte Kokalos davon, der die Lösung ausplauderte. So brauchte Minos nur noch herausfinden, an welchem Ort die Lösung zuerst erwähnt wurde.

Er segelte mit seinen Schiffen nach Sizilien und forderte Kokalos auf, ihm Daidalos auszuliefern. Kokalos lehnte freundlich ab, lud den Gast jedoch zum Essen ein.

»Unsere Bäder sind berühmt«, sagte Kokalos. »Genieße eine Reinigung vor dem Abendessen«

Minos nahm an und freute sich auf ein entspannendes und pflegendes Bad. Das Röhrensystem der Thermen hatte Daidalos selbst entworfen und angelegt. Sobald Minos ins Wasser eintauchte, leiteten Kokalos' Töchter kochendes Wasser ins Becken. Das war das Ende von König Minos und Daidalos war endlich frei.

DER TROJANISCHE KRIEG

Die ganze Schar der Göttinnen und Götter tummelte sich zur Hochzeit des Helden Peleus und der schönen Meeresnymphe Thetis in der Höhle des Kentauren Cheiron am Fuße des Berges Pelion. Nektar floss in Strömen und fröhliches Geplauder erklang aus allen Ecken. Hermes schlich sich an Zeus heran, um ihm mal wieder das Zepter zu entwenden, während der Göttervater mit Ariadne, dem Neuzugang in der Götterfamilie, in ein Gespräch vertieft war. Dabei umschlang sein rechter Arm Ariadnes Hüfte.

Aphrodite zog Ares kichernd in eine Ecke und küsste ihn, während ihr Mann Hephaistos mit Hera besprach, wie er Tische herstellen wollte, die eigenständig durch den Palast laufen konnten.

Sogar Hades war aus der Unterwelt gekommen, stand jedoch finster blickend am Rande des bunten Treibens und rümpfte die Nase. Keiner sprach es laut aus, doch alle waren froh, dass Thetis einen Sterblichen heiratete. Denn Gaia hatte prophezeit, dass ihr Sohn stärker und mächtiger sein würde als sein Vater. Keiner wollte schon wieder ein übermächtiges Kind haben, das einen Krieg unter den Gottheiten anzetteln könnte.

Als Zeus dazu ansetzte, dem Brautpaar seinen Segen zu erteilen, rollte ein goldener Apfel über den Boden und blieb vor Heras Füßen liegen. Sie hob ihn auf und las die Inschrift darauf vor:

»Für die Schönste!«

Die Gottheiten blickten sich verwirrt an. Am Eingang der Höhle stand eine Gestalt und rieb sich hämisch die Hände. Es war Eris, die Göttin der Zwietracht, die als einzige nicht zum Fest geladen war und nun unbemerkt beobachtete, was ihr Apfel bewirkte.

»Das bin ja wohl ich«, rief Aphrodite und riss Hera den Apfel aus der Hand.

»Von wegen, liebe Schwester, der ist für mich!«

Athene stand mit Rüstung und Speer drohend vor ihr.

»Ihr täuscht euch beide. Dieser Apfel kann nur für die Herrscherin des Olymps sein«, knurrte Hera und holte sich den Apfel zurück. Die drei zerrten an dem Objekt der Begierde und brüllten immer lauter. Als sie merkten, dass keiner nachgeben wollte, drehten sie sich zu Zeus um.

»Entscheide du, wem dieser Apfel gehören soll«, baten sie ihn.

Zeus sackte ein Stück weit in sich zusammen und blickte unschlüssig auf die drei Göttinnen, die ihn wild anfunkelten. Er schluckte und fuhr sich nachdenklich durch den Bart. Dann winkte er Hermes zu sich.

»Hier soll ein Sterblicher entscheiden. Bring den Apfel zu Paris. Er soll sagen, wer die Schönste ist. Ich weiß, dass er schon einmal ein gerechtes Urteil gefällt hat.«

Hermes nickte, schnappte sich den Apfel aus Heras Händen und flog mit den drei Göttinnen im Schlepptau über das Meer nach Troas. Dort hütete Paris am Berg Ida die Schafe seines Ziehvaters und saß angelehnt unter einer Kiefer.

Erschrocken fuhr er hoch, als die vier Gottheiten aus einem goldenen Nebel vor ihn traten.

»Hab keine Angst«, sprach Hermes ihn an. »Zeus befiehlt dir zu entscheiden, wer von ihnen die Schönste ist und wem daher dieser Apfel gebührt! Du stehst unter seinem Schutz!«

Dann drückte Hermes ihm den goldenen Apfel in die Hand und eilte zur Hochzeitsfeier zurück. Sein Auftrag war schließlich erledigt.

Paris schaute alle drei Frauen mit offenem Mund an. Sein Blick wanderte zwischen ihnen hin und her. Jede von ihnen strahlte hell und golden in ihrer Schönheit. Er war von allen Göttinnen geblendet und konnte sich nicht entscheiden.

Als Hera seine Unschlüssigkeit merkte, ergriff sie das Wort.

»Ich bin Hera, die Gemahlin von Zeus und Herrscherin über den Olymp. Wenn du mich wählst, dann mache ich dich zum Herrscher über die schönsten Länder dieser Welt.«

Schnell mischte Athene sich ein.

»Ich bin Athene, die Göttin der Weisheit. Ich verspreche dir ein ruhmreiches Leben. Dein Name soll in einem Atemzug mit allen Helden Griechenlands genannt werden und du sollst sie alle übertrumpfen!«

Aphrodite schaute lange auf den schönen Jüngling vor ihr und lächelte ihn schließlich an.

»Was nützt dir Königreich und Ruhm, wenn du keine Frau an deiner Seite hast, die dich liebt? Ich verspreche, dass sich die schönste Frau Griechenlands in dich verlieben wird. Denn ich bin Aphrodite, die Göttin der Liebe.«

Süß lächelnd stand sie vor ihm, ihr Haar schimmerte golden im Sonnenlicht und die dunkelroten Lippen wölbten sich verführerisch. Paris Herz schlug schneller und er konnte seine Augen nicht mehr von ihr abwenden.

»Du bist die Schönste«, sagte er und reichte ihr den Apfel.

Triumphierend lächelte Aphrodite und nahm ihn entgegen.

Hera und Athene schrien wütend auf.

»Diese Beleidigung werden wir nicht vergessen und uns an deinem Vater und seinem Volk rächen!«

Wütend kehrten sie Paris den Rücken zu und eilten zum Olymp zurück. Aphrodite aber strahlte ihn an und wiederholte ihr Versprechen, ihm die schönste Frau Griechenlands in die Arme zu führen. Dann war auch sie fort.

Paris war auf der einen Seite mulmig zumute wegen Heras und Athenes Racheschwur. Auf der anderen Seite war er beglückt über Aphrodites Versprechen. In Gedanken bei der schönsten Frau Griechenlands kehrte der Jüngling mit den Rindern zum Hof seines Ziehvaters zurück.

Dort wartete ein Bote des Königs Priamos, der einen Stier verlangte, um ihn bei Spielen für die Götter zu opfern. Paris beschloss, den Boten gemeinsam mit seinem Ziehvater und dem Stier nach Troja zu begleiten. Dort nahm er an den Wettkämpfen teil und gewann sie alle nacheinander: Diskuswurf, Speerwerfen, Weitsprung und Ringen. Seine Leistung war bald in aller Munde, denn er besiegte sogar Hektor, den Sohn König Priamos'.

Der König wurde auf den jungen Paris aufmerksam und bat ihn zu sich, um ihm den Lorbeerkranz des Siegers aufzusetzen.

»Wer bist du und wer ist dein Vater?«, fragte er.

Da trat sein Ziehvater vor, ein getreuer Gefolgsmann des Königs, und warf sich auf den Boden.

»Es ist Paris. Er ist euer Sohn, mein König!«

Erstaunt flüsterten und tuschelten die umstehenden Menschen miteinander.

»Ihr habt mich gebeten, den Säugling an den Hängen des Ida auszusetzen. Doch es war ihm nicht bestimmt zu sterben, denn eine Bärin säugte ihn. So habe ich ihn bei mir aufgenommen und großgezogen.«

Priamos schwankte zwischen Zorn und Glück. Ein Seher hatte ihm prophezeit, dass Paris den Untergang Trojas herbeiführen würde. Daher hatte er nach seiner Geburt befohlen, den Jungen auszusetzen. Jetzt, wo er den schönen und erfolgreichen Sohn vor sich stehen sah, schwand seine Angst und er nahm ihn freudestrahlend wieder bei sich auf.

So kam es, dass Paris als Prinz von Troja mit seinem Bruder Hektor nach Sparta reiste. Dort traf er auf Helena, eine Tochter von Zeus und der sterblichen Prinzessin Leda, deren Schönheit so beeindruckend war, dass alle Prinzen Griechenlands sie zur Frau hatten haben wollen. Ihr sterblicher Vater Tyndareos, der König von Sparta, war sehr besorgt gewesen, dass die abgewiesenen Prinzen aus Frust und Eifersucht einen Krieg anzetteln könnten. Odysseus, der für seine Klugheit bekannt war, hatte dem König daher dazu geraten, alle Bewerber einen Eid schwören zu lassen. Sie sollten den zukünftigen Ehemann von Helena unterstützen, wenn jemand ihm die Frau oder die Stellung streitig machen wollte.

Alle Bewerber hatten sich dazu bereit erklärt und Helena schließlich Menelaos als ihren Ehemann erwählt.

Menelaos empfing die Prinzen aus Troja freundlich und mit allen Ehren. Paris konnte seine Blicke nicht von der schönen Helena abwenden. Schmetterlinge flatterten in seinem Bauch. Wie ein Schatten war er immer an ihrer Seite. Hektor sah die verliebten Blicke seines Bruders mit Sorge.

Paris aber ging zu einem Heiligtum der Aphrodite und erinnerte die Göttin an ihren Schwur. Helena sollte seine Frau werden.

Am nächsten Tag wurde Menelaos nach Kreta gerufen und reiste ab. Aphrodite erfüllte ihre Versprechen und sorgte dafür, dass sich Helena in Paris verliebte. Als die Prinzen auf ihr Schiff gingen, um nach Troja zurück zu segeln, nahm Paris Helena mit und versteckte sie im Lagerraum.

»Du dummer Narr«, brüllte Hektor ihn an, als Helena von einem der Seeleute entdeckt und zu ihm geführt wurde. »Wir müssen sie sofort zurückbringen!«

Doch als er sah, wie sein Bruder und Helena sich umklammert hielten und ihn flehend anblickten, erweichte sein Herz.

»Das Schicksal nehme seinen Lauf«, seufzte er schließlich und wand sich von ihnen ab. Sein Herz war schwer und voller dunkler Ahnung. Doch er vermochte die beiden Verliebten nicht trennen. So kehrten die Prinzen mit Helena nach Troja zurück.

Als Menelaos heimkehrte durchsuchte er den Palast vergeblich nach Helena. Da er sie nicht finden konnte, sandte er Boten zu ihren ehemaligen Bewerbern. Bei keinem von ihnen konnte er seine Frau aufspüren. Schließlich dämmerte ihm, dass die Prinzen aus Troja Helena entführt hatten. Er schickte eine Gesandtschaft zum König Priamos, um sie zurückzufordern. Sie kehrten mit leeren Händen zurück.

Menelaos schwor Rache und reiste zu seinem Bruder Agamemnon, dem mächtigen König von Mykene.

»Wir werden Krieg gegen das dreiste Troja führen«, sagte dieser. »Der Verrat an der Gastfreundschaft muss bestraft werden. Erinnere alle Könige und Prinzen Griechenlands an den Eid, den sie deinem Schwiegervater schwören mussten, Bruder. Sie sind verpflichtet, dir beizustehen.«

Menelaos nickte und sofort Gesandtschaften, die dazu aufriefen, gegen Troja in den Krieg zu ziehen und Helena zu befreien. Die Verbündeten sollten mit ihren Schiffen zum Hafen von Aulis kommen.

Alle folgten dem Ruf. Bis auf zwei: Odysseus und Achilleus.

Ersterer hatte mit seiner jungen Frau Penelope gerade einen Sohn bekommen und wollte die glückliche Kleinfamilie nicht lange verlassen. Ein Seher, den er um Rat zum anstehenden Krieg befragt hatte, hatte ihm vorausgesagt, zwanzig Jahre fort zu sein, würde er dem Ruf folgen.

Um ihn abzuholen, schickt Menelaos den listigen Adeligen Palamedes nach Ithaka. Dieser traf auf einen Odysseus, der im Gewand eines Bauern den Strand pflügte. Sowohl Ochse als auch Pferd waren vor den Pflug gespannt und statt Samenkörnern warf er Salz hinter sich. Dabei kicherte er irre.

»Er ist wahnsinnig geworden«, flüsterten seine Diener Palamedes zu und zuckten mit den Schultern.

Palamedes aber wusste, dass Odysseus ein kluger und weiser Mensch war. Eine Weile schaute er sich das Treiben an. Dann schnappte er sich Odysseus' Sohn Telemachos, der mit seiner Amme am Ufer spielte, und legte ihn vor dem Pflug. Pferd und Ochse kamen immer näher, die Amme schrie vor Angst. Odysseus stoppte und blickte Palamedes grimmig an.

»So verrückt erscheinst du mir gar nicht, lieber Freund«, lächelte der ihn hochmütig an.

Wütend rüstete sich Odysseus zum Krieg und brach mit seinen Schiffen nach Aulis auf.

Nun fehlte nur noch Achilleus, Thetis' und Peleus' Sohn, der beim weisen Kentauren Cheiron aufwuchs und von ihm unterrichtet wurde. Der Seher Kalchas hatte schon vor langer Zeit prophezeit, dass Troja mit seiner Hilfe besiegt werden. Seine Mutter Thetis hatte ihn daher als Knaben ins Wasser des Styx getaucht, damit keine Waffe ihn verletzten konnte. Lediglich die Stelle an der rechten Ferse, an der sie ihren Sohn gehalten hatte, war verwundbar.

Sobald Thetis davon erfuhr, dass zum Krieg gegen Troja gerüstet wurde, tauchte sie aus der Meerestiefe empor und versteckte ihren Sohn im Palast von König Lykomedes auf der Insel Skyros. Er musste Kleider tragen und sich unter die Frauen im Palast mischen. Mit seinen weichen, schönen Gesichtszügen fiel er unter den Prinzessinnen und Fürstentöchtern nicht auf.

Menelaos schickte Odysseus zu Lykomedes, um Achilleus ausfindig zu machen. Er verkleidete sich als Händler, der den Frauen im Palast Kleider und Schmuckstücke anbieten wollte. In ihren Gemächern angekommen, breitete er seine mitgebrachten Waren vor den Frauen aus. Darunter war auch ein Schwert. Als dann einer von Odysseus' treuen Gefolgsmännern vor den Mauern des Palastes zum Schein die Kriegstrompete blies, liefen die Frauen aufgeregt davon. Nur Achilleus griff zum Schwert, das zwischen den Stoffen lag, und war so entlarvt. Er versprach Odysseus, mit fünfzig Schiffen ebenfalls in den Krieg zu ziehen.

An die 1200 Schiffe lagen mit schlaffen Segeln vor Aulis in Böotien vor Anker und warteten darauf, nach Troja zu segeln. Tag um Tag hoffte der Heerführer Agamemnon darauf, dass die Flaute sich legen würde, damit sie in See stechen konnten. Doch der Wind wollte nicht kommen. Die Krieger wurden unruhig und glaubten, ein Fluch läge auf ihnen. Schließlich befragte Agamemnon den Seher Kalchas nach der Ursache der Windstille und was gegen sie zu tun sei.

»Es ist die Göttin Artemis, die den Wind zurückhält«, sagte er. »Sie ist wütend darüber, dass du in ihrem heiligen Hein eine Hirschkuh gejagt und dich damit gebrüstet hast, ein besserer Jäger zu sein als sie. Wenn du ihr deine Tochter opferst, kehrt der Wind zurück und wir können nach Troja aufbrechen.«

Agamemnon erblasste. Viele Tage zauderte er. Doch als der Wind noch immer nicht zurückkehrt war, ließ er nach seiner Tochter Iphigenie schicken und offenbarte ihr die grausame Wahrheit: Sie musste auf Geheiß der Göttin Artemis geopfert werden.

Iphigenie bemerkte die Unruhe unter den versammelten Prinzen und Kriegern, die bereits offen darüber sprachen, in ihre Heimat zurückzukehren. Diese Schande wollte sie ihrem Vater nicht aufbürden und begab sich freiwillig ins nahe Heiligtum der Artemis, um den Wunsch der Göttin zu erfüllen. Sie legte sich auf den Opferschrein und der Seher Kalchas hob den Dolch, um ihn ins Herz der schönen Königstochter zu stoßen. Die scharfe Klinge fuhr herab … und senkte sich in die Brust einer toten Hirschkuh. Die Göttin Artemis hatte Iphigenie zu sich genommen und sie mit dem toten Tier getauscht. Ihr genügte der Wille, ihrem Wunsch nachzukommen. Iphigenie diente der Göttin von diesem Tag an als Priesterin auf der Halbinsel Tauris.

Der lang ersehnte Wind kam endlich zurück und die Flotte brach mit knatternden Segeln und flatternden Fahnen an den Masten auf.

Neun Jahre hielten die Griechen sich auf trojanischem Gebiet auf. Das umliegende Land befand sich fest in ihren Händen. Neun Jahre versuchten sie, die starken Mauern der Stadt Troja zu bezwingen. Ohne Erfolg. Im zehnten Jahr waren alle müde und zweifelten daran, dass es ihnen je gelingen würde. Großes Heimweh breitete sich unter ihnen aus. Die Situation verschlimmerte sich, als Agamemnon und Achilleus in Streit gerieten. Achilleus hatte auf einem Kriegszug ins Landesinnere die schöne Briseis entführt, sich in sie verliebt und sie zu seiner Lieblingssklavin gemacht. Als oberster Heerführer konnte Agamemnon allerdings einen Teil der Kriegsbeute für sich beanspruchen. Weil er seine eigene Mätresse Chryseis gerade verloren hatte, wählte er Briseis und nahm sie Achilleus weg. Der verzog sich grollend in sein Zelt und wollte keinen Finger mehr für diesen Krieg rühren. Wütend rief er nach seiner Mutter Thetis.

»Sprich mit Zeus«, bat er sie. »Die Griechen sollen vor Troja kein

Glück mehr haben, ehe sich der habgierige Agamemnon nicht bei mir entschuldigt und ich Briseis zurückhabe.«

Thetis erfüllte ihm seine Bitte nur zu gerne. Niemand sollte ihrem Sohn schaden oder ihn kränken. Sie ging zu Zeus und der Gott erhörte sie.

Er sandte Agamemnon einen Traum, der ihm fälschlicherweise den Sieg vorhersagte, wenn er mit seinem Heer das befestigte Lager verlassen und in die offene Schlacht ziehen würde. Ein Manöver, das für die Griechen verheerend werden konnte.

Am nächsten Tag ließ der Heerführer die Kriegstrompeten erschallen und sprach allen Mut zu. So rückten sie ins freie Feld zwischen der Stadt und dem Lager vor.

Im hart umkämpften Niemandsland standen sich beide Heere gegenüber. Speere und Schilde blitzen in der Sonne und die Pferde schnaubten ungeduldig. Alle warteten auf das Signal zum Angriff.

Da trat Hektor aus den Reihen hervor und rammte seinen Speer in den Boden.

»Hört mich an, Griechen«, rief er.

»Dieser Streit ist zwischen Menelaos und Paris entstanden. Mein Bruder will mit Menelaos im Zweikampf um Helena kämpfen, auf Leben und Tod. Dem Sieger soll Helena gehören. Sie hatte nicht vergessen, dass Paris den Apfel Aphrodite zugesprochen hatte, er soll in Frieden abziehen können.«

Menelaos trat aus den Reihen der Griechen hervor.

»Ich akzeptiere!«, rief er.

Beide Seiten vereinbarten einen Waffenstillstand und waren froh, diese kluge Lösung gefunden zu haben.

Hektor und Odysseus steckten den Kampfplatz ab, auf dem Menelaos und Paris sich grimmig mit Schild, Speer und Schwert bewaffnet gegenüberstanden. Das Los entschied, dass Paris seinen Speer als Erster werfen durfte. Er blieb im Schild von Menelaos stecken. Menelaos warf seine Lanze mit gewaltigerer Wucht und zerschmetterte Paris' Schild. Dann

zog er sein Schwert und rannte auf seinen Gegner zu. Das Schwert zerbrach jedoch an Paris' Helm. In seiner Wut griff Menelaos nach dem Helm und schleuderte Paris um sich herum, der dadurch drohte, an seinem Helmriemen zu ersticken. Die Göttin Aphrodite sah die Not ihres Schützlings, eilte herbei und trug ihn in einer schimmernden Wolke vom Schlachtfeld direkt in Helenas Zimmer.

Menelaos schrie wütend auf und suchte in den Reihen der Trojaner nach seinem Gegner. Die Griechen feierten ihn schon lautstark als Sieger, während die Trojaner unschlüssig auf der Stelle verharrten. Bis ein Pfeil plötzlich durch die Luft sirrte und Menelaos am Oberschenkel traf. Lächelnd entschwand die Göttin Athene von der Seite des trojanischen

Bogenschützens. Sie hatte ihm eingeflüstert, alle Trojaner würden ihm danken, wenn er den hochmütigen Menelaos auf dem Kampfplatz tötete. Stattdessen standen beide Seiten sich nun noch unversöhnlicher gegenüber, so dass ein friedliches Ende des Krieges nicht mehr möglich schien. Die Soldaten griffen wieder zu den Waffen. Athene hatte ihr Ziel erreicht. Sie wollte die Vernichtung Trojas.

Rasend vor Wut über den heimtückischen Angriff auf Menelaos kämpften die Griechen auch ohne Achilleus an ihrer Seite tapfer. Doch gegen die entschlossenen Trojaner wurde es eng: Hektor wütete wie besessen unter den Feinden und trieb die trojanischen Krieger vor sich her. Es gelang ihm sogar, Odysseus und König Agamemnon zu verwunden. Die Griechen verloren immer mehr an Boden und wurden bis zu ihren Schiffen zurückgedrängt. Die Trojaner durchdrangen ein Teilstück der Verteidigungslinie um die Schiffe und setzten erste Boote in Brand. Es war die Göttin Athene, die im letzten Moment die vollständige Zerstörung verhinderte.

In seiner Verzweiflung schickte Agamemnon einen Boten zu Achilleus, um ihm eine Entschuldigung, viele Geschenke und das Versprechen zu überbringen, ihm Briseis zurückzugeben. Er bat ihn, den Streit zu begraben und in den Krieg zurückzukehren. Achilleus lehnte ab. Er war noch immer verärgert.

Als sein Freund Patroklos von der Entscheidung hörte, eilte er zu ihm. Er wusste, dass nur Achilleus in der Lage war, Hektor zu besiegen. Die Griechen würden neuen Mut fassen, wenn er auf das Schlachtfeld zurückkehrte. Er flehte seinen Freund an, wieder ins Kriegsgeschehen einzugreifen.

»Für Agamemnon werde ich kein Schwert mehr in die Hand nehmen«, antwortete Achilleus und sonnte sich weiter entspannt vor seinem Zelt am Ufer. Es war zum Haare raufen. Was sollte Patroklos tun?

»Dann gib mir deine Rüstung«, bat er. »Und lass mich unsere Krieger in den Kampf führen.«

Achilleus zauderte. Er war sich nicht sicher, ob das eine gute Idee war. Schließlich gab er nach und überreichte Patroklos seine Rüstung.

»Versuche dein Glück, mein Freund«, sagte er. »Aber pass gut auf dich auf und dränge die Trojaner nur von den Schiffen zurück! Verfolge sie nicht bis zu ihren Stadtmauern!«

Am nächsten Morgen stieg Patroklos mit Achilleus' Helm, Panzer und Schild bekleidet in den Streitwagen seines Freundes. Er hob den Speer und brüllte: »Für Griechenland!«

Die Griechen glaubten, Achilleus sei in die Schlacht zurückgekehrt. Das gab ihnen Selbstvertrauen, mit großem Kriegsgeschrei stürmten sie los und drängten die Trojaner von den Schiffen zurück. Patroklos spürte, dass sie zu ihm aufsahen, und kämpfte wild und furchtlos wie noch nie in seinem Leben. Als die Trojaner sich in Richtung ihrer Stadt zurückzogen, drängte er lachend hinterher, ganz berauscht von seinem Erfolg.

Doch Apollon, Trojas Schutzgott, entwaffnete ihn und ein gegnerischer Speer durchbohrte seine Seite. Verwundet sank er vom Streitwagen und hielt sich die blutende Stelle. Hektor sah den vermeintlich verwundeten Achilleus, kehrte um und erschlug Patroklos. Seine Rüstung nahm er als Siegestrophäe mit und hielt sie vor den jubelnden Trojanern triumphierend in die Höhe.

Die Griechen brachten Patroklos' Leichnam zu Achilleus. Als er seinen toten Freund sah, überwältigte ihn ein unerträglicher Schmerz. Er riss sich Haarsträhnen aus und beschmierte sein Gesicht mit Staub. Sein wuterfüllter Schrei nach Rache hallte laut über das Lager der Griechen.

»Geliebter Freund«, flüsterte er. »Sobald ich deinen Mörder erschlagen habe, werde ich dich würdig begraben.«

Thetis hatte den Schmerz ihres Sohnes bis in die Tiefen des Meeres gespürt und war zu ihm geeilt.

»Bitte gib dich nicht deinen Rachegefühlen hin«, flehte sie ihren Sohn an. »Stirbt Hektor, wirst auch du sterben. So hat es das Orakel prophezeit.«

Achilleus Augen funkelten. »Lieber sterbe ich, als Hektor am Leben zu lassen!«, sagte er.

Thesis schluchzte. »Dann warte wenigstens, bis ich dir eine neue Rüstung von Hephaistos bringe«, erwiderte sie.

Achilleus umarmte seine Mutter. Er würde warten. Dann ging er zu Agamemnon, um sich mit ihm zu versöhnen.

In der Nacht brachte Thetis ihm die schönste Rüstung, die je ein Sterblicher gesehen hatte. Hephaistos hatte sich selbst übertroffen. Fiel Licht auf den Brustharnisch, leuchtete er wie Feuer. Den Schild zierten Bilder griechischer Landschaften mit Szenen von Ackerbau, Festen und Kriegen. Die Rüstung sollte Achilleus vor Speeren und Schwertschlägen schützen.

Wie besessen tobte er am nächsten Morgen durch die Reihen der Trojaner, bis keiner mehr wagte, sich ihm in den Weg zu stellen. Über den Fluss Skamander flohen sie in ihre Stadt zurück, dicht gefolgt vom rasenden Achilleus.

Vor dem Stadttor Trojas wartete Hektor auf ihn. Als er Achilleus' Rüstung erblickte, die im Sonnenlicht wie ein Feuerball glänzte, packte ihn eine unerklärliche Furcht und er ergriff die Flucht. Dreimal jagte Achilleus ihn um die Stadtmauern herum, dann blieb Hektor seufzend stehen und stellte sich dem Unvermeidlichen. Wie eine Urgewalt brach Achilleus über ihn herein und durchbohrte seine Kehle mit dem Speer. Dann entkleidete er den verhassten Feind, band ein Seil um die Füße der Leiche und befestigte das andere Ende an seinem Streitwagen. Wutschäumend schleifte er den toten Helden um die Stadt, damit alle Trojaner sahen, was mit demjenigen geschah, der seinen Zorn weckte. Er zog den Leichnam bis ins Lager der Griechen und verwehrte Hektor so ein würdiges Begräbnis.

Nachdem er seinen Mörder gerichtet hatte, baute Achilleus Patroklos einen Scheiterhaufen und opferte Pferde und Hunde für ihn. Doch es war nicht genug. Noch immer blind vor Wut führte er auch trojanische Kriegsgefangene als Opfer ins Feuer. Doch auch dadurch wurde sein Schmerz nicht gelindert. Jeden Morgen band er Hektors Leiche an den Wagen und schleifte ihn durch das Lager. Die Götter schützen den Körper, so dass er nicht verstümmelt werden konnte. Schließlich war es auch ihnen genug und sie beschlossen, Hektors Leiche nach Troja zurückzubringen, damit er von seinem Vater würdig beerdigt werden konnte.

Zeus befahl Thetis, ihrem Sohn den Willen der Götter zu überbringen. Hektors Leiche sollte gegen ein angemessenes Lösegeld herausgegeben werden.

»So sei es«, antwortete Achilleus als er die Botschaft aus dem Mund seiner Mutter gehört hatte. »Demjenigen, der mir das Lösegeld bringt, werde ich die Leiche übergeben.«

So konnte Priamos unter Hermes' Schutz das Lager der Griechen betreten und darum bitten, seinen Sohn gegen entsprechende Gaben herauszugeben.

Als Achilleus den weinenden Greis vor sich stehen sah, der ihm die Hand küsste und ohne Vorwurf um die Rückgabe seines Sohnes bat, war der Held gerührt. Der König erinnerte ihn an seinen alten Vater Peleus und gemeinsam weinten sie um all die vielen Toten. Achilleus wies seine Sklaven an, Hektors Leiche in Tücher zu hüllen und Priamos zu übergeben. Endlich konnte der König seinen Sohn nach Hause bringen und bestatten. Die Flammen des Scheiterhaufens loderten hoch in den nächtlichen Himmel und eine ganze Stadt betrauerte ihren Helden.

Nach zwölf Tagen gingen die Kämpfe weiter. An Agamemnons Seite stürzte sich Achilleus ins Getümmel. Erneut konnte er die Trojaner zurückschlagen und verfolgte sie bis zu ihrer Stadt. Hoch oben auf der Stadtmauer stand Paris und beobachtete den Mörder seines Bruders. Als Achilleus nah genug an die Mauer herangekommen war, spannte er einen vergifteten Pfeil auf seinen Bogen und schoss. Mit Apollons Hilfe traf er Achilleus' Ferse. Schmerzerfüllt schrie dieser auf und riss den Pfeil heraus. Doch das Gift war bereits in seinen Körper gedrungen. Er sackte auf den Boden und starb. Nur mit Mühe konnten die Griechen den Leichnam unter dem Ansturm der Trojaner packen und ins Lager zurückbringen.

Erneut schlugen die Flammen eines Scheiterhaufens funkensprühend in den schwarzen Nachthimmel. Ein weiterer Held war gefallen.

Wie gelähmt hockten die Griechen mit hängenden Köpfen vor den Zelten. Ihren größten Helden zu verlieren, hatte sie alle erschüttert. Trotz so vieler Verluste war der Krieg noch immer nicht entschieden.

Als die größte Trauer verfolgen war, stürzten sie sich erneut in den Kampf. Es gelang ihnen, Paris zu töten, den Verursacher des Krieges. Doch die Mauern der Stadt konnten sie nach wie vor nicht überwinden.

Nach einem erneuten Scharmützel legte sich der aufgewirbelte Staub in der Ebene und Odysseus blickte nachdenklich auf die dicken und starken Stadtmauern. Nur einmal war es ihm gelungen, sie zu überwinden. Durch einen engen Kanal war er auf die andere Seite gelangt. Unmöglich konnten sie dort viele Krieger durchschleusen. Ohnehin war der Kanal mittlerweile von den Trojanern verschlossen worden. Wie konnten sie trotzdem hineinkommen? Dreißig Krieger würden reichen, um die Wachen am Stadttor zu überwältigen und das Tor von innen zu öffnen.

Ein Lächeln umspielte seine Lippen. Der Plan war verrückt und darum liebte er ihn. Jetzt musste er nur noch seinen Heerführer überzeugen.

Viele Tage später rieben die Wächter auf den Mauern Trojas sich verwundert die Augen. Die Griechen waren fort. Kein Schiff ankerte mehr vor der Küste und aus den Resten der niedergerissenen Befestigung zogen schwarze Rauchfäden in den Himmel. Sie waren in der Nacht niedergebrannt worden. Lediglich ein großes Ungetüm aus Holz stand am Strand.

Ein Spähtrupp wurde ausgesandt, um sich vor Ort ein Bild zu verschaffen. Aufgeregt kamen sie zurück.

»Wir haben keine Spur von den Griechen mehr finden können. Lediglich ein großes Pferd aus Holz haben sie am Strand zurückgelassen.«

Die Nachricht ging wie ein Lauffeuer durch die Gassen und Häuser der Stadt. Die Trojaner stürmten nach draußen, um sich selbst vom Abzug der Griechen zu überzeugen und das geheimnisvolle Objekt am Strand zu begutachten.

Das Pferd war aus Tannenholz gezimmert und eine Mähne aus echtem Pferdehaar fiel in sanften Schwüngen vom hölzernen Hals herab. Die Sonne fing sich funkelnd in den Bernsteinaugen und die Zähne schimmerten weiß vom Elfenbein. In die Flanke war eine Botschaft geritzt worden: »Dankopfer an Athene für eine sichere Heimkehr«.

»Wer das Pferd besitzt, steht unter dem Schutz der Göttin Athene«, rief eine Stimme aus der Menge. »Die Griechen haben es so groß gebaut, damit wir es nicht in unsere Stadt ziehen können.«

Sofort berieten sich die Menschen, wie sie das große Pferd durch ihr Stadttor zum Tempel von Athene ziehen könnten. Solch ein mächtiges Geschenk an die Göttin wollten sie für sich selbst nutzen.

»Verbrennt das Pferd«, rief der Priester Laokoon, der mit seinen Söhnen aus der Stadt zum Ufer gekommen war. »Glaubt ihr wirklich, dass die Griechen uns solch ein Geschenk hinterlassen würden? Ich fürchte sie und traue ihnen nicht. Sie haben uns nur Unglück und Tod gebracht.«

Die Menge murmelte verunsichert und schaute skeptisch zum Pferd hinauf. Ein Teil von ihnen wollte es aufbrechen, um zu sehen, was sich darin verbarg. Ein anderer Teil wollte es verbrennen oder von der Klippe stürzen. Andere Stimmen wollten es noch immer in die Stadt ziehen, um es der Göttin zu weihen.

Wütend schleuderte Laokoon einen Speer gegen das Pferd, der hohlklingend daran abprallte.

»Wir müssen es zerstören!«, rief er.

In diesem Moment glitten große schuppige Schlangen mit blutroten Mähnen aus dem Meer. Beauftragt von Athene wickelten sie sich um Laokoons Söhne, der vor Grauen erstarrte. Hilflos musste er mit ansehen, wie seine Kinder getötet wurden. Dann wanden sich die Schlangen um Brust und Hals von Laokoon selbst, der versuchte, sie mit seinen Händen wegzudrängen. Sein Todesschrei hallte über den Strand, bis er schließlich verstummte. Die Schlangen verschwanden zischend im Meer.

»Ein Zeichen«, riefen die Trojaner »Athene ist erzürnt!« Sie beschlossen endgültig, das Pferd in ihre Stadt zu bringen. Sie holten Seile und dicke Stämme, auf denen sie das schwere Objekt nach Troja ziehen konnten.

König Priamos' Tochter Kassandra stand vor dem Stadttor und hob ihre Hände zum Himmel.

»Dies ist Trojas Untergang«, rief sie. Sie hatte die Stadt im Traum brennen gesehen.

Die Trojaner glaubten ihr nicht, schoben sie einfach zur Seite und schlugen eine Bresche in die Mauer, damit das Pferd hindurch konnte. Endlich stand es auf dem Platz vor Athenes Tempel. Bis tief in die Nacht feierten sie ihren Sieg über die Griechen. Dann gingen sie erleichtert zu Bett. Der Krieg war vorbei.

Dunkelheit und Stille lag über dem Platz, auf dem das Holzpferd stand. Eine Luke öffnete sich im Bauch und eine Strickleiter wurde heruntergelassen. Odysseus kletterte als erstes herunter. Ihm folgten weitere dreißig Männer.

»Schnell zum Stadttor«, flüsterte er. Wie Schatten schlichen sie durch die schlafende Stadt und überwältigen lautlos die wenigen Männer der Torwache. Dann schossen sie einen brennenden Pfeil in den Himmel.

Als sie das Tor öffneten kündigte eine Staubwolke den Rest des griechischen Heeres an. Nur zum Schein hatten sie das Lager geräumt und sich mit ihren Schiffen außer Sichtweite zurückgezogen. Der mutige Sinon war freiwillig zurückgeblieben, um sich unter die Trojaner zu mischen und ihnen das Pferd als ein Weihegeschenk an die Göttin Athene glaubhaft zu machen.

Schulter an Schulter schritten Agamemnon und Menelaos durch das offene Tor. Hinter ihnen mit Schild und Speer bewaffnet alle Kämpfer, die den langen Krieg bis hierin überlebt hatten. All die ganze Wut und der Frust der letzten Jahre entluden sich in dieser Nacht. Im Blutrausch stürmten sie die Häuser und Straßen, töteten die Trojaner ohne Gnade und brannten die Stadt nieder. Nur wenige entkamen. Selbst die Gottheiten des Olymps wandten von der Grausamkeit angewidert ihre Gesichter ab.

Menelaos war endlich wieder mit Helena vereint. Der Liebeszauber, mit dem sie Aphrodite einst belegt hatte, war längst verflogen. Sie sehnte sich nach ihrem griechischen Zuhause und freute sich darauf, mit ihrem Ehemann heimzukehren.

Schon bald verließen die Griechen die in Trümmer liegende Stadt und setzten die Segel Richtung Heimat. Einem unter ihnen war es jedoch noch lang nicht bestimmt, nach Hause zu kommen. Odysseus, der listige Bezwinger Trojas, hatte noch weitere Abenteuer zu bestehen.

DIE IRRFAHRTEN DES ODYSSEUS

Dunkle Rauchsäulen standen über dem zerstörten Troja. Tagelang hatten die Feuer gewütet und kein Stein lag mehr auf dem anderen. Odysseus wandte sich seufzend ab. Nach zehn langen Jahren Krieg hatte seine List ihnen den Sieg gebracht. Jetzt war er müde und wollte nur noch nach Hause zu seiner Frau Penelope und seinem Sohn Telemachos. Heim nach Ithaka.

Am Ufer stritten sich Menelaos und Agamemnon. Es ging um ein Opfer für Athene und Poseidon, das Agamemnon den Gottheiten als Dank für den Sieg darbringen wollte. Menelaos hingegen wollte so schnell es ging nach Hause zurückkehren und auf das Opfer verzichten. Auch Odysseus wollte keine Zeit vergeuden.

»Heim nach Ithaka!«, brüllte er mit erhobenem Schwert und seine Männer jubelten ihm zu. Ohne Opferdarbietung bestiegen sie ihre zwölf Schiffe, holten die Anker ein und setzten die Segel, die sich im Wind bauchig aufblähten.

Nach nur einem Tag auf offener See kam ein starker Wind auf und trieb sie von ihrem Kurs ab. Sie landeten an der Küste der Kikonen, den ehemaligen Verbündeten Trojas. Ein heftiger Kampf entbrannte, bei dem viele Griechen getötet wurden.

Die Überlebenden zogen sich auf das Meer zurück, wo erneut ein Sturm ihre Schiffe erfasste und sie schließlich nach Libyen trieb. Hier konnten sie an Land gehen und ihr Trinkwasser auffüllen. Die einheimischen Lotophagen empfingen sie freundlich und schenkten ihnen Lotusfrüchte. Gierig verschlangen drei von Odysseus' Gefährten das saftige und süße Obst. Sobald sie den letzten Bissen verschluckt hatten, verklärten sich ihre Gesichter und sie hatten vergessen, wer sie waren. Alles, was sie noch wollten, war in diesem wunderschönen Land mit den leckeren Früchten zu bleiben. Mit Gewalt ließ Odysseus die drei zurück auf das Schiff schleifen. Sie wehrten sich schreiend und strampelnd dagegen und gaben erst Ruhe, als das Land der Lotophagen am Horizont verschwunden war.

Entlang einer unbekannten Küstenlinie segelten sie weiter und ankerten schließlich an einem Abschnitt mit saftigen Wiesen und blühenden Büschen. Sie brauchten dringend Nachschub an Lebensmitteln und so ging Odysseus mit zwölf Gefährten an Land. Auf der Suche nach Nahrung entdeckten sie eine große Höhle, in der Käselaibe von der Decke hingen und Milch in großen Amphoren lagerte. In einer Ecke lagen einige kleine Lämmer, die friedlich schliefen. Allen lief das Wasser im Mund zusammen und sie lachten glücklich über ihren Fund.

Von draußen erklang das Blöken von Schafen, das sich der Höhle näherte.

»Das muss der Hirte sein, der hier wohnt«, rief Odysseus und spähte durch den Eingang hinaus. Ein riesiger Schatten näherte sich inmitten der Schafe. Odysseus erbleichte.

»Ein Kyklop«, flüsterte er und wich zurück.

Der Kyklop betrat die Höhle, bückte sich und verschloss den Zugang mit einem Felsbrocken. Er drehte sich um und blickte mit seinem einen Auge, das sich mitten auf seiner Stirn befand, auf die kleinen Menschlein herunter.

»Wer wagt es, die Höhle von Polyphem zu betreten?«, donnerte er.

»Niemand«, antwortete der listige Odysseus. »Wir erbitten deine Gastfreundschaft.«

Polyphem lachte laut, hob mit seinen riesigen Händen zwei nahestehende Männer in die Höhe und schmetterte sie auf den Boden. Anschließend stopfte er sich die leblosen Körper in den riesigen Mund.

»Menschenfleisch. Köstlich!«, grunzte er zufrieden und legte sich hin, um zu schlafen.

Sie saßen in der Falle. So sehr sie sich auch anstrengten, den Felsen konnten sie kein Stück bewegen.

Odysseus raufte sich die Haare und murmelte wütend: »Ausgerechnet im Land der Kyklopen mussten wir landen. Doch ich wäre nicht Odysseus, wenn mich das von meiner Heimkehr abhalten könnte.« Die ganze Nacht brütete er über einem Plan.

Am nächsten Morgen erwachte Polyphem, streckte sich gähnend und verschlang erneut zwei der Gefährten. Dann rollte er den Felsbrocken zur Seite, um die Schafe nach draußen zu treiben.

»Ihr bleibt hier drin«, grunzte er und rollte den Felsen vor den Eingang zurück.

Suchend blickte sich Odysseus in der Höhle um und entdeckte einen Pfahl. Ein Schmunzeln umspielte seinen Lippen: Er hatte eine Idee.

»Wir müssen den Pfahl anspitzen«, forderte er seine Männer auf, die sogleich mit der Arbeit anfingen. Als sie fertig waren, versteckten sie den Pfahl zwischen den jungen Lämmern in der hintersten Ecke der Höhle.

Am Abend kehrte Polyphem zurück und sicherte die Höhle erneut mit dem Felsbrocken.

»Abendbrotzeit«, brummte er und fraß erneut zwei von ihnen auf.

Mutig trat Odysseus vor ihn und reichte ihm eine Schale mit stark berauschendem Wein, den sie im Land der Kikonen erbeutet und in Weinschläuchen abgefüllt auf ihre Erkundungstour mitgenommen hatten.

»Ha«, rief Polyphem, »du willst mich wohl bestechen, kleines Menschlein!«

Er schnappte die Schale und schüttete den roten Saft in sich hinein.

»Wie war noch mal dein Name?«, grunzte er.

»Niemand«, antwortete Odysseus.

»Ich will mehr, Niemand«, brüllte Polyphem, dem der Wein gut schmeckte. »Dafür verspreche ich dir, dass ich dich ganz zuletzt aufessen werde.«

Odysseus füllte Schale um Schale, bis Polyphem betrunken zu Boden fiel und einschlief.

»Holt den Pfahl und steckt die Spitze ins Feuer«, befahl Odysseus und packte selbst mit an. Sie drehten den Pfahl so lange im Feuer hin und her, bis seine Spitze rot glühte.

»Jetzt mit ganzer Kraft«, spornte Odysseus seine Männer an und gemeinsam stießen sie die Spitze tief ins einzige Auge des Kyklopen. Brüllend vor Schmerz erwachte er.

Sein Geheul war so laut, dass die anderen Kyklopen darauf aufmerksam wurden und zur Höhle eilten.

»Was ist los, Polyphem? Ist jemand bei dir?«

»Niemand ist hier und hat mich geblendet«, antwortete Polyphem jaulend. »Bitte helft mir. Niemand bringt mich um!«

Die Kyklopen schauten sich achselzuckend an.

»Der scheint verrückt geworden zu sein«, murmelten sie und zogen sich wieder in ihre Höhlen zurück.

Am Morgen rollte Polyphem wie gewohnt den Felsen ein Stück zur Seite, um seine Schafsherde hinauszulassen. Da er nichts mehr sehen konnte und den Griechen nicht traute, tastete er jedes Schaf am Rücken ab. Sie sollten nicht auf ihnen entkommen.

»Ha«, grunzte er zufrieden. »Niemand bleibt schön hier!«

Was er nicht bemerkte: Odysseus und seine sechs überlebenden Männer klammerten unter den Bäuchen der größten Widder. So schlüpften sie unentdeckt mit den Tieren aus der Höhle.

Erleichtert kehrten sie auf ihre Schiffe zurück und legten ab. Vom Meer aus sahen sie Polyphem, der um sich tastend mit seinen Schafen am Ufer lief. Wütend über den Verlust seiner Männer brüllte Odysseus zum Kyklopen herüber.

»Odysseus war es, der euch geblendet und besiegt hat. Vergesst meinen Namen nicht!«

Voller Zorn tastete Polyphem nach einem Felsen und warf ihn in Richtung der Stimme. Der riesige Brocken verfehlte das Schiff, erzeugte jedoch eine so hohe Welle, dass sie fast wieder ans Ufer gespült wurden. Schnell fuhren sie die Ruder aus und zogen sie kräftig durch das Wasser, um das Ufer hinter sich zu lassen. Dann setzten sie die Segel und verließen diesen schrecklichen Ort.

»Vater«, rief Polyphem voller Enttäuschung, dass Odysseus ihm entwischt war. Poseidon hörte seinen Sohn und tauchte aus der Tiefe empor. »Bringe Leid über Odysseus als Ausgleich für die Schmerzen, die er mir zugefügt hat.«

»Am Ende wird er mit nichts dastehen«, versprach Poseidon und kehrte wieder zurück in seinen Palast am Meeresgrund.

Odysseus segelte mit seiner Flotte zur Insel des Windgottes Aiolos. Dort konnten sie sich einen Monat lang von ihren Schrecken erholen. Aiolos fing alle ungünstigen Stürme ein und sperrte sie in einen Beutel, den er Odysseus als Gastgeschenk überreichte.

Nun standen die Winde günstig und sie brachen auf, um endlich heim zu kommen. Bald schon war die Küstenlinie Ithakas in der Ferne zu sehen. Erleichtert fiel Odysseus in einen tiefen Schlaf. Alle Anspannung war von ihm abgefallen.

Während er schlief, schlich eine Handvoll Gefährten zu Aiolos' geheimnisvollen Beutel. Sie vermuteten Gold darin, das Odysseus nicht mit ihnen teilen wollte. Gierig öffneten sie den Sack und alle darin gefangenen Winde sausten heraus. Ein Sturm ergriff die Schiffe und trug sie weit, weit ins Meer hinaus.

Odysseus brüllte vor Enttäuschung. So nah war er dem heimatlichen Palast schon gewesen.

Aber es kam noch schlimmer.

Nach sieben Tagen hatte der Sturm sie zur Insel der Laistrygonen verschlagen, menschenfressenden Riesen. Odysseus verlor elf seiner Schiffe mit allen Gefährten darauf. Nur mit einem einzigen Schiff entkam er und landete auf der Insel Aiaia. Ein Trupp sollte die Insel erkunden. Nur ein einziges Haus fanden sie darauf vor.

»Kommt herein«, rief ihnen eine liebliche Frauenstimme aus dem Inneren zu.

Vorsichtig betraten die Männer das Gebäude. Fackeln flackerten an den Wänden und verströmten eine behagliche Atmosphäre. Im großen Saal erwartete sie eine schöne Frau. Das lockige, schwarze Haar war hochgebunden und ein goldener Reif umspannte ihren Kopf. Das weiße Gewand fiel fließend um ihren schlanken Körper.

»Ich bin Kirke und ich freue mich über jeden Gast. Bitte nehmt meine Einladung zum Essen an!«, sagte sie.

Die Männer stimmten freudig zu und setzten sich an den großen Holztisch. Nur Eurylochos war misstrauisch. Zu viele schreckliche Dinge hatte er schon auf seiner Reise erlebt. Er versteckte sich hinter einer Säule und beobachtete alles von dort.

Kirke stellte dampfende Teller auf den Tisch, die einen köstlichen Duft verströmten.

»Die erlesenen Kräuter sorgen für einen außergewöhnlichen Geschmack«, verriet sie den hungrigen Griechen.

Die Männer griffen zu den Löffeln und verschlangen das Essen gierig. Kurz darauf streckten sich die ersten gähnend. Müde sanken sie nach und nach mit den Oberkörpern auf den Tisch und schliefen ein. Kirke zog aus den Falten ihres Gewandes einen Zauberstab und berührte damit einen nach dem anderen. Erst wuchsen ihnen Borsten aus der Haut, dann verformten sich ihre Gesichter zu Schnauzen, bis sie schließlich grunzend auf vier Klauen standen. Sie hatten sich in Schweine verwandelt.

Kirke trieb die Tiere in den Stall und schloss sie dort ein. Aus seinem Versteck hatte Eurylochos alles mit Grausen beobachtet. Verstört lief er zum Schiff zurück, um Odysseus die Geschehnisse zu schildern.

»Ich will es mit ihr aufnehmen«, sprach dieser aufgebracht, schnallte sein Schwert um und eilte los.

Auf dem Weg zur Zauberin begegnete ihm Hermes.

»Die wirst du brauchen«, sagte der und legte ihm eine gelbe Blüte in die Hand. »Mische sie in den Trank, den Kirke dir gibt, und du bist geschützt. Sie wird sich vor dir fürchten!«

Dann verabschiedete er sich mit einem Nicken.

Am Haus der Zauberin angekommen, klopfte Odysseus an deren Tür. Freundlich begrüßte Kirke ihn in ihrem Haus und reichte ihm zur Begrüßung einen Trank.

»Auf die Gastfreundschaft«, prostete sie ihm zu. Odysseus nahm den Becher und gab, ganz so, wie Hermes ihn angewiesen hatte, die Blume zerrieben hinein. Er hob den Becher und prostete zurück.

»Auf die Gastfreundschaft«, lachte er und trank in einem Zug aus. Kirke berührte ihn mit ihrem Zauberstab. Nichts geschah. Erstaunt sog sie die Luft ein und blickte ihn verwundert an.

Odysseus zog sein Schwert und drückte die Spitze an ihren Hals.

»Wie mächtig du doch bist«, rief sie ängstlich. »Ich gebe mich geschlagen!«

»Ich will meine Männer zurück«, forderte er. Mit dem Schwert trieb er sie bis zum Schweinekoben vor sich her. Dort löste sie den Zauber und die Schweine verwandelten sich in seine Männer zurück.

»Versprich, dass du weder meinen Männern noch mir etwas Böses antun wirst!«

»Ich verspreche es«, sagte Kirke feierlich. Jetzt senkte Odysseus sein Schwert und schlug den geretteten Kameraden freudig auf die Schultern.

Gemeinsam mit den Griechen feierte Kirke ein großes Fest in ihrem Heim und lud sie alle dazu ein, so lange zu bleiben, wie sie wollten. Es wurde viel gelacht, getrunken und gesungen. Im warmen Fackelschein blickten sich Kirke und Odysseus tief in die Augen und verliebten sich ineinander. Ein Jahr blieben sie auf der Insel, bis Odysseus erneut das Heimweh packte und Kirke erkannte, dass es Zeit war, ihn ziehen zu lassen.

»Segele ans Ende der Welt und suche den blinden Seher Teiresias auf. Er kann dir den Weg nach Hause zeigen«, gab sie ihm mit auf den Weg.

Mit schwerem Herzen verließ Odysseus die Insel. Lange schaute er zu Kirke, die ihm am Ufer zuwinkte. Wie von ihr geraten, segelt er Richtung Okeanos ans Ende der Welt, um mit Teiresias zu sprechen. Der Seher hatte viele Botschaften für ihn.

»Du wirst heimkehren und dort viele Freier finden, die Penelope bedrängen«, sagte er. »Beeile dich, ehe es zu spät für deine Frau ist.« Dann fuhr er fort: »Du wirst mit deinen Männern auf der Insel Thrinakia landen, wo der Gott Helios seine Rinder weidet. Ihr dürft sie auf keinen Fall töten! Falls doch, wirst du erst viele Jahre später allein mit einem fremden Schiff heimkehren. Lang wird dein Leben noch sein und du wirst in Frieden sterben«

Nun drängte es Odysseus noch mehr, schnell nach Ithaka zu segeln. Er kehrte zu Kirkes Insel zurück, um ihr alles zu berichten und sich endgültig von ihr zu verabschieden. Sie wünschte ihm gutes Geleit und warnte ihn vor den Sirenen, gefährlichen Mischwesen, halb Mensch, halb Vogel, die mit ihren betörenden Gesängen dafür sorgten, dass arglose Seeleute ihre Schiffe gegen Felsen lenkten.

»Stopft euch die Ohren mit Bienenwachs«, riet sie ihrem Geliebten.

Dann ging es endlich in Richtung Heimat. Das Segel knarrte im Wind und alle waren voller Hoffnung, Ithaka wiederzusehen. Als sie in Sirenen-Gewässer kamen, stopften sie sich wie geraten die Ohren. Nur Odysseus ließ sich an den Mast binden, um den Gesängen ungefährdet lauschen zu können.

Kaum hatten sie die Sirenen hinter sich gelassen, lauerte schon die nächste Gefahr. In einer Felsenhöhle in der Meeresenge zwischen Sizilien und dem Festland hauste ein großes Ungeheuer mit zwölf Beinen

und sechs Köpfen an langen Hälsen: die Skylla. Mit ihren messerscharfen Zähnen schnappte sie nach den vorbeifahrenden Seeleuten und zerfleischte sie in Windeseile. Am anderen Ufer der Enge hauste Charybdis, der dreimal täglich das Wasser einsog, wodurch ein Strudel entstand, der alles mit sich in die Tiefe riss.

Odysseus feuerte seine Männer an, mit aller Kraft die Ruder durch das Wasser zu ziehen, um in einem weiten Bogen um den Strudel zu fahren. Dabei kamen sie dem Nest der Skylla gefährlich nahe.

»Schneller, Männer, ihr müsst schneller sein«, rief er.

Schon hatte die Skylla ihre Witterung aufgenommen und schnellte aus ihrer Höhle hervor. Mit ihren sechs Köpfen schnappte sie sich sechs Männer vom Schiff und zog sich in ihre Behausung zurück. Ihr gequältes Schreien hallte lange in den Ohren der Mannschaft nach. Doch sie konnten nichts ausrichten und ruderten weiter.

Niedergeschlagen und vollkommen erschöpft kamen sie zur Insel Thrinakia, auf der Helios' Rinder weideten. Odysseus erinnerte sich an Teiresias' Warnung und wollte keinen Halt einlegen.

»Wir können nicht mehr«, murrten seine Gefährten. »Wir brauchen eine Pause. Lass uns wenigstens die Nacht hier verbringen und erst morgen weitersegeln!«

Schließlich ließ sich Odysseus erweichen.

In der Nacht aber kam ein Sturm auf, der sich tagsüber hartnäckig hielt, und eine Abfahrt unmöglich machte. Die starken Winde wühlten das Meer auch die nächsten Tage auf. Schon bald waren die Vorräte aufgebraucht und die Mägen der Männer knurrten vor Hunger. In ihren Fantasien schmorten sie das Fleisch der Rinder schon über dem Feuer. Jeden Tag hielt Odysseus sie davon ab, die Tiere zu töten.

Eines Tages war der Hunger so groß, dass sie doch einige der Rinder schlachteten, während Odysseus die Insel erkundete. Sie brachten den Gottheiten einen Teil als Opfer dar und hofften, dadurch Unheil abwenden zu können.

Das Meer beruhigte sich und alle waren erleichtert. Nur Odysseus beschlich ein seltsames Gefühl. Dennoch ließ er die Segel setzen und sie verließen die Insel.

Kaum waren sie wieder auf offener See, türmten sich große, schwarze Wolken vor ihnen auf. Die Winde peitschten über das Wasser und die Wellen schlugen über dem Schiff zusammen. Schuld war Helios, der wütend über den Raub seiner Rinder von Zeus eine Strafe für das Vergehen gefordert hatte. Zeus selbst schleuderte seine Blitze gegen das Schiff und es zerbrach. Alle ertranken. Nur Odysseus konnte sich an einer Planke festklammern und überlebte.

Mit Schiffstauen band er mehrere Planken zu einem kleinen Floß zusammen, auf dass er sich retten konnte. Zehn Tage trieb er auf dem Meer, bis ihn die Strömung an den Strand der Insel Ogygia spülte. Dort lebte die schöne Nymphe Kalypso in einer Grotte und fand den bewusstlosen Odysseus am Ufer. So wie sie den stattlichen Helden Trojas mit seinem muskulösen Körper vor sich liegen sah, verliebte sie sich in ihn. Sie nahm ihn bei sich auf und umsorgte ihn, so dass er sich schnell erholte.

»Ich muss heim nach Ithaka«, sagte er und wollte sich ein stärkeres Floß aus den Überresten des Schiffs bauen, dass die Flut an Land gespült hatte.

»Bleib bei mir«, antwortete sie und hielt ihn mit ihren magischen Kräften fest. Er konnte die Insel gegen ihren Willen nicht verlassen.

Jahr um Jahr verging, in dem Kalypso Odysseus mit ihren Künsten verführte. Doch Odysseus wollte zu seiner Penelope zurückkehren.

»Ich schenke dir ewiges Leben, wenn du bei mir bleibst«, versprach sie ihm im siebten Jahr.

Odysseus blickte sie mit traurigen Augen an und schüttelte den Kopf. Er ging zum Strand, wo ein Floß lag, dass er schon lange fertiggestellt hatte. Erneut prüfte er alle Seile, die es zusammenhielten. Dann lehnte er sich an den Mast und blickte sehnsüchtig über das Meer. Da hatte Zeus Erbarmen mit ihm und schickte Hermes zu Kalypso.

»Lass ihn gehen«, sagte der Götterbote sanft. Widerstrebend gehorchte Kalypso und löste den Bann. Sie gab ihm zum Abschied Wasser und Früchte mit, so dass er für einige Tage auf dem Meer überleben würde.

Nach 17 Tagen auf See sah er Land in der Ferne. Erleichtert lenkte er sein Floß in Richtung der Küste, als der immer noch rachsüchtige Poseidon ihn erblickte. Mit seinem Dreizack wühlte er das Meer so auf, dass das Floß kenterte. Schwimmend und mit letzter Kraft erreichte Odysseus das Land. Er schleppte sich ein Stück weit ins Landesinnere zu einer Flussmündung. Vollkommen entkräftet schlief er nackt an einer dicht mit Oleanderbüschen bewachsenen Stelle ein.

Am nächsten Tag fand ihn die Prinzessin Nausikaa dort schlafend. Sie war mit ihren Dienerinnen zur Flussmündung gekommen, um Wäsche zu waschen. Odysseus erwachte und versuchte seine Blöße mit Zweigen zu verstecken.

»Bitte helft mir, schöne Jungfrau. Ich habe nur mit Glück einen fürchterlichen Sturm überlebt und alles verloren.«

Nausikaa gefiel seine höfliche Art genauso wie sein nackter, athletischer Körper. Sie befahl ihren Mägden, Kleidung und etwas zu essen für den Unbekannten zu holen. Hungrig nahm er Brotlaib, Leinenunterhemd sowie Umhang entgegen und verbeugte sich dankbar.

»Wo bin ich hier?«, fragte er die Königstochter.

»Im Land meines Vaters Alkinoos, dem König der Phaiaken. Folge dem Fluss hinauf zur Stadt und gehe zu seinem Palast. Frage zuerst nach meiner Mutter Arete und sag ihr, dass ich dich geschickt habe. Sie wird bei meinem Vater bewirken, dass er dich gastfreundlich empfängt.«

Odysseus folgte Nausikaas Wegbeschreibung und wurde wie von der Königstochter vorhergesagt gastfreundlich aufgenommen. Seinen wahren Namen verriet er nicht, denn er war besorgt, dass er erneut in eine Falle geraten könnte. Lieber wollte er unentdeckt bleiben.

Am Abend gab der König ihm zu Ehren ein festliches Mahl. Ein fahrender Sänger trat auf und berichtete vom trojanischen Krieg und den Heldentaten des Odysseus. Der König und seine Tochter jubelten und wollten mehr Geschichten hören. Nur Odysseus blieb stumm und lauschte traurig den Versen.

»Was bewegt dich?«, fragte ihn der König.

»Ich kenne den Mann, über den hier gesungen wird. Er ist so weit weg von der Heimat und es gibt noch viele Geschichten über ihn, die ihr noch gar nicht kennt!«

»Bitte erzählt sie uns«, bat der König. »Wir lieben Odysseus und verehren ihn!«

Odysseus war so gerührt von der aufrichtigen Begeisterung, dass ihm die Tränen kamen.

»Nun denn«, antwortete er, »So will euch Odysseus selbst seine Geschichte erzählen!«

Alle schwiegen und starrten den Gast an. Dann brach ein ohrenbetäubender Jubel aus, als sie begriffen, wen sie hier tatsächlich vor sich sitzen hatten. Sie baten ihn, von seinen Abenteuern zu berichten. Und Odysseus erzählte. Davon, wie sie Polyphem geblendet hatten und das Geschenk von Aiolos sie vom Kurs abbrachte, von Kirke, den Sirenen, Helios und Kalypso und allen Ungeheuern und Feinden, die sie bekämpfen mussten. Der König stattete ihn mit prächtigen Gewändern aus und stellte ihm ein großes Gemach zur Verfügung, das eines Königs würdig war. Insgeheim hoffte er, Odysseus würde sich in seine Tochter Nausikaa verlieben und sie heiraten. Doch die Sehnsucht nach Penelope war immer noch groß. So bat Odysseus darum, dass ein Schiff ihn heim nach Ithaka brachte. Der König erfüllte seine Bitte und so trug ein schnelles Schiff ihn nach zwanzig Jahren zurück nach Hause.

Nebel lag über der Landschaft, an der die Phäaken Odysseus abgesetzt hatten. Nichts erschien ihm vertraut zwischen den feuchten und grauen Schleiern, in denen Felsen und Bäume nur als Schattenrisse zu erkennen waren. Ein Hirtenjunge kam langsam auf ihn zu.

»Wo bin ich hier?«, fragte Odysseus.

»Du bist in Ithaka«, antwortete der Knabe. Erleichtert schloss Odysseus für einen Moment die Augen und seufzte tief. Als er sie wieder öffnete, stand die Göttin Athene lächelnd vor ihm und der Knabe war verschwunden. Odysseus sank auf die Knie und küsste den Boden seiner Heimat. Jetzt erst glaubte er wirklich, dass er zurück war.

»Ich bin gekommen, um dich zu warnen«, sagte Athene. »Nachdem du aus Troja nicht zurückgekommen warst, hielten dich in Ithaka alle für tot. Seit drei Jahren buhlen die Fürsten nun schon um Penelopes Hand. Sie haben sich in deinem Palast eingenistet und lassen es sich auf deine Kosten gut gehen.«

»Schufte«, grollte Odysseus.

»Deine Penelope ist eine kluge Frau. Sie verkündete, erst eine Entscheidung treffen zu können, wenn sie das Totenhemd für deinen Vater Laertes fertig gewebt hat. Jede Nacht trennt sie es wieder auf und beginnt am nächsten Morgen von neuem. Drei Jahre hat sie die Freier so schon hinhalten können.«

Odysseus lachte laut und war stolz auf seine schlaue und treue Penelope.

»Die List ist jedoch aufgeflogen und nun drängen die Freier auf eine Entscheidung. Über einhundert Schmarotzer lagern an deinem Hof, die dich sofort töten, wenn sie dich erkennen. Es ist sicherer für dich, wenn niemand von deiner Rückkehr weiß.«

Sie beratschlagten, wie Odysseus weiter vorgehen sollte. Schließlich verwandelte Athene ihn in einen alten Bettler. So konnte er unentdeckt herausfinden, auf wen er im Kampf gegen die Freier vertrauen konnte.

In Lumpen gehüllt wanderte er über Felder und Wiesen in Richtung seines Palastes und kam zur Hütte der Schweinehirten Eumaios, der ihn zu sich einlud. Er schlachtete zwei Ferkel und briet sie an Spießen über dem Feuer. Dann goss er süßen Wein in einen Holzbecher und forderte Odysseus auf, gemeinsam mit ihm zu essen.

»Wie sieht es am Hof von Odysseus aus?«, fragte Odysseus. »Sind dort Bettler willkommen?«

Der Hirte schnaubte.

»Wäre mein guter Herr Odysseus noch hier, so hätte ich dich ohne Bedenken hingeschickt, da ihm Gastfreundschaft stets wichtig war. Doch jetzt verprassen dreiste Schmarotzer das ganze Hab und Gut. Bettler werden von ihnen verhöhnt und mit Knochen beworfen. Gehe lieber nicht dorthin!«, sagte er und fuhr seufzend fort: »Ach, wäre nur der König wieder hier!«

Er trank aus seinem Becher und schwieg.

Kurz darauf öffnete sich die Tür und ein gut aussehender Jüngling trat ein.

»Telemachos, du bist zurück«, rief Eumaios und umarmte den jungen Mann herzlich.

»Bitte geh zu meiner Mutter und sage ihr Bescheid, dass ich wieder da bin«, bat der Junge den Hirten. »Ich will mich hier nur kurz ausruhen, bevor ich all den lästigen Freiern entgegentreten und meiner Mutter sagen muss, dass ich bei Menelaos keine Spur von meinem Vater gefunden habe.«

Odysseus erhob sich von seinem Holzschemel, um dem Königssohn Platz zu machen.

Telemachos winkte ab. »Bleib sitzen, guter Mann. Hier ist Platz für uns Beide!«, sagte er, nahm sich einen Strohsack und setzte sich dazu.

Odysseus spürte ein warmes und freudiges Gefühl in seinem Bauch aufsteigen. Er war überglücklich, seinen Sohn zu sehen und stolz darauf, was aus ihm geworden war.

Sobald Eumaios gegangen war, verwandelte Athene Odysseus in seine wahre Gestalt zurück. Telemachos rieb sich verwundert die Augen und glaubte, einen Gott vor sich zu haben.

»Ich bin es, dein Vater Odysseus!«

Sie lachten und weinten gleichzeitig und fielen sich in die Arme. So viel hatten sie sich gegenseitig zu erzählen.

»Die Geschichten müssen warten«, sagte Odysseus. »Zuvor muss ich meinen Hof von Schurken bereinigen!« Gemeinsam schmiedeten sie einen Plan.

Odysseus kehrte als Bettler verwandelt zu seinem Hof zurück. Sein Herz wurde seltsam schwer, als er den vertrauten Vorhof betrat. Sein alter Hund lebte noch und lag angekettet auf einem Strohlager. Schnuppernd hob er den Kopf und wedelte mit letzter Kraft freudig mit dem Schwanz, als er seinen geliebten Herrn erkannte. Dann brach er tot zusammen. Odysseus rang um Fassung und wischte sich eine Träne ab. Jetzt war keine Zeit für Trauer.

Im großen Saal saßen alle Freier zusammen und ließen sich großzügig bedienen. Wein, Brot und Käse wurden herumgereicht und ein fettes Schwein über dem Feuer geröstet. Fröhlich zechten alle und wetteiferten darum, wem es gelingen würde, Penelope zur Frau zu nehmen.

Odysseus bat die anwesenden Fürsten um ein Stück Brot. Antinoos, der lauteste und unverschämteste unter ihnen, spottete nur höhnisch und warf einen Hocker nach ihm, der Odysseus an der Schulter traf. Wütend ballte Odysseus die Fäuste. Es fiel ihm schwer, Antinoos nicht sofort niederzuschlagen. Doch die Zeit für seine Rache würde noch kommen. So zog er sich in eine Ecke zurück und beobachte das wilde Treiben.

Am Abend waren alle wieder fort. Penelope kam aus ihrer Kammer und setzte sich in den Saal. Sie bat den Fremden, seine Geschichte zu erzählen und fragte ihn, ob er etwas von ihrem Mann Odysseus gehört hätte. Sie fühlte sich bei dem Bettler sogleich wohl und hatte das Gefühl, ihn zu kennen.

Odysseus Herz hüpfte vor Freude, als er seine geliebte Frau nach der langen Zeit sah.

»Ich kämpfte mit Eurem Mann in Troja und ich versichere Euch, er wird noch vor dem nächsten Neumond zurückkehren.«

Dankbar für diese tröstenden Worte drückte Penelope die runzelige Hand des Bettlers. Auch die kam ihr irgendwie vertraut vor.

»Bringt ihm Wein und Brot. Und du, liebe Eurykleia, wasche unserem Gast den Staub seiner Reise von den Füßen!«, bat Penelope ihre treue Verwalterin.

Eurykleia brachte eine Schüssel mit Wasser und ein Handtuch. Achtsam hob sie ein Bein an und ließ es erschrocken fallen. Die Schüssel fiel um und das Wasser lief heraus. Ihre Finger hatten eine lange Narbe ertastet, die sie kannte. Ein Eber hatte den jungen Odysseus an dieser Stelle gebissen. Bevor sie seinen Namen laut aussprechen konnte, legte er ihr seine Hand auf den Mund und bat sie zu schweigen.

Mit sehnsüchtigen Blicken verfolgte er, wie Penelope die Treppe zu ihrem Gemach hinaufging. Kaum war sie fort, drehte er sich zu Telemachos um.

»Wir entfernen alle Waffen von den Wänden und verstecken sie«, sagte er.

Gemeinsam sammelten sie alle Schwerter, Schilde und Speere ein, bis die Wände leer waren. Odysseus klatschte in die Hände.

»Gib allen Knechten, die mir immer noch treu sind, Bescheid«, sagte er. »Sie sollen sich morgen bereithalten!« Danach verabschiedeten sich Vater und Sohn voneinander.

Wie gehabt kamen die unverschämten Freier am späten Morgen zurück und belagerten den Hof. Penelope trat ihnen mit Odysseus' Bogen in der Hand entgegen. In der Nacht war ihr die Göttin Athene erschienen und hatte ihr geraten, die Freier zu einem Wettkampf aufzufordern.

»So lange habt ihr auf meine Entscheidung gewartet«, sprach sie. »Wem es gelingt, diesen Bogen zu spannen und den Pfeil durch die Löcher von zwölf hintereinander aufgestellten Axtköpfen zu schießen, den werde ich heiraten!«

Telemachos stellte alles für den Wettkampf auf, während Odysseus Eumaios darum bat, mit den anderen Knechten alle Saaltüren zu verschließen, sodass niemand hinauskommen konnte. Kurz zuvor hatte Odysseus ihm verraten, wer er in Wahrheit war.

Jeder der Anwesenden versuchte, den Bogen zu spannen. Keinem gelang es. Sie lachten sich gegenseitig aus und verspotteten jeden, der es nicht schaffte. Am Ende griff Odysseus selbst zum Bogen.

»Was wagst du da, du Hund?«, riefen die Freier wütend.

»Er soll sein Glück versuchen«, sagte Penelope. »Schafft er es, dann will ich ihn reichlich beschenken.«

Auf Drängen von Telemachos verließ sie den Saal und kehrte in ihre Kammer zurück. Er schärfte ihr ein, nicht herunterzukommen, egal welchen Lärm sie auch hören möge.

Prüfend hielt Odysseus seinen alten Bogen. Es tat gut, ihn in den Händen zu haben. Mühelos legte er einen Pfeil an die Sehne und spannte ihn ein. Er schoss zielsicher durch alle zwölf Löcher der Axtköpfe.

Telemachos stellte sich an seine Seite. Er war in voller Rüstung mit Schild, Speer und Schwert, die er sich versteckt hatte, als sie die Waffen von den Wänden genommen hatten.

Seelenruhig legte Odysseus einen zweiten Pfeil an und schoss ihn in Antinoos' Kehle. Blutüberströmt fiel dieser tot auf den Tisch. Alle sprangen auf und blickten wütend auf den Bogenschützen. Sie dachten an ein Missgeschick.

Von Athene zurückverwandelt stand mit gespanntem Bogen in seiner wahren Gestalt Odysseus vor ihnen.

»Ich bin Odysseus und dies ist mein Haus«, sagte er. »Heute erhaltet ihr den Lohn für euer niederträchtiges Verhalten.«

Aufgeregt und fassungslos schrien die Freier auf und wollten zu den Waffen greifen. Angst schoss ihnen in die Glieder, als sie feststellten, dass an den Wänden keine hingen.

Pfeil um Pfeil schoss Odysseus ab und einer nach dem anderen fiel tot zu Boden. Telemachos, Eumaios und weitere treue Diener metzelten die übrigen nieder bis keiner mehr am Leben wahr. Gespenstische Stille lag über dem Saal.

»Bist du es wirklich?«

Penelope stand auf der Treppe und blickte zu ihm hinüber. Eurykleia war zu ihrer Herrin gelaufen, um ihr freudestrahlend zu berichten, dass Odysseus zurückgekommen sei.

Lange schwiegen sie sich an. Vertraut und doch fremd. Odysseus spürte ihre Zweifel.

»Wie wäre es, wenn du mir ein Bett bereiten lässt und wir morgen über alles reden?«, ergriff er das Wort.

Da lächelte Penelope listig.

»Bringt mir das Bett, dass mein Mann zu unserer Hochzeit gebaut hat«, wies sie ihre Dienerinnen an.

»Das wird kaum möglich sein«, lachte Odysseus. »Ich habe es damals um einen Olivenbaum herum gebaut.«

Penelope zitterte am ganzen Körper. Von diesem Bett wusste nur Odysseus und jetzt glaubte sie wirklich, dass er vor ihr stand. Sie ging auf ihn zu und legte ihre Arme um seinen Hals.

»Verzeih mir meine Zweifel«, flüsterte sie in sein Ohr. »Ich hatte Angst, nach so langer Zeit enttäuscht zu werden.« Fest und innig drückte er Penelope an sich. Dann hob er sie hoch und trug sie in ihr Gemach. So lange hatte er auf diesen Augenblick gewartet. Viele Geschichten hatten sie sich zu erzählen. Doch die konnten bis zum nächsten Morgen warten.

2. Auflage
Originalausgabe

Covergestaltung: Jürgen Kiermeier, unter Verwendung von Illustrationen von © AdobeStock (betka82, d1sk, KVasay)

Bildnachweis: © AdobeStock (Alena Koval, Alexkava, betka82, d1sk, Good Studio, IconArt, KeronnArt, KHAz, KVasay, majiveka, mathiasdelcamine, maxicons, Morphart, panaceaart, Rabbit jes, rudall30, Salome, virinaflora, Weasly99, Богдан Скрипник)

Layout: Jürgen Kiermeier, YUNA

Satz: Buch-Werkstatt GmbH, Bad Aibling
Druck und Bindung: Alföldi Nyomda Zrt., Debrecen
Printed in Hungary

FSC MIX Papier | Fördert gute Waldnutzung FSC® C010328

Penguin Random House Verlagsgruppe FSC® N001967

ISBN 978-3-517-30334-5

Liebe*r Leser*in,

wir hoffen sehr, dir hat das Buch gefallen und würden uns freuen, wenn du eine Rezension bei deinem liebsten Online-Händler schreibst.

Hast du Fragen, Wünsche oder Anregungen? Dann schreibe gerne an: yuna@penguinrandomhouse.de.

Viele Grüße
YUNA

DIE KINDER VON RHEIA UND KRONOS

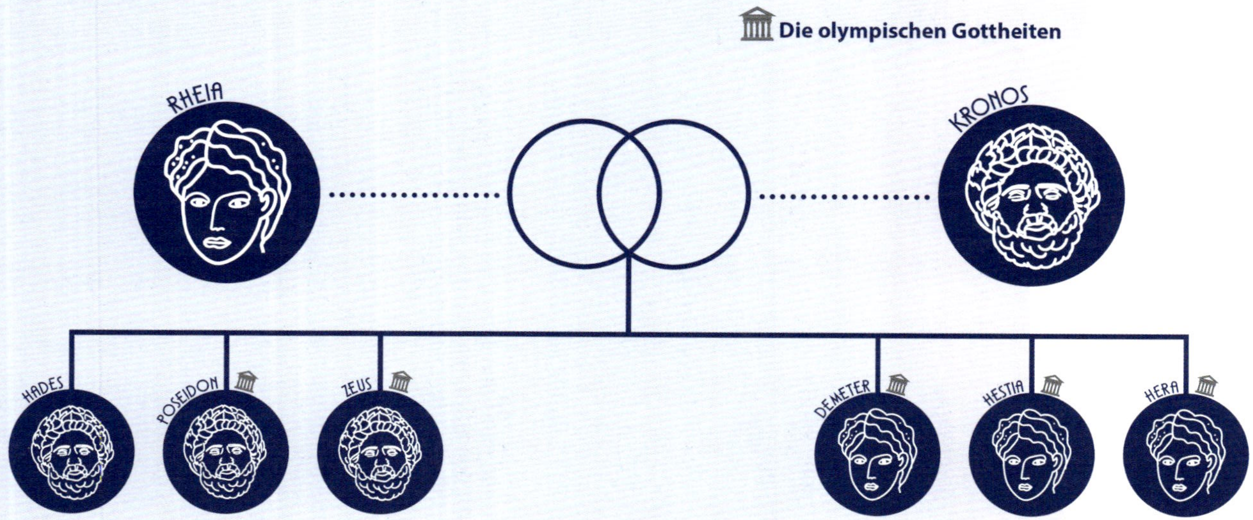